DORIC FOR SWOTS

DORIC

FOR

SWOTS

A Course for Advanced Students

Douglas Kynoch

with illustrations by
JAMES HAMILTON

To George and Rona Phillips

First published 1997
Scottish Cultural Press
Unit 14, Leith Walk Business Centre
130 Leith Walk,
Edinburgh EH6 5DT

text © Douglas Kynoch 1997
illustrations © James Hamilton 1997

ISBN 1 84017 016 6

British Library Cataloguing in Publication Data
A catalogue record for this book is available
from the British Library

Printed in Great Britain by BPC - AUP Aberdeen Ltd.

PREFACE

Doric, the name given to the rustic dialect of the Greek region of Doris, has long been a term applied to the speech of North-east Scots. How this came about, how many Doric-speaking Greeks there are today and whether they have aunties in Kennethmont are questions beyond the scope of this book.

Like its predecessor, the present work concerns itself rather with the language itself. Where *Teach Yourself Doric* was designed for the beginner, *Doric for Swots* is intended as a course for the more advanced student. To help strugglers, a certain amount of vocabulary has been provided with each lesson. The extracts used are drawn from the golden treasury of North-east literature, covering several regional areas and many different periods of time. This being the case, the density of the Doric varies considerably, as does its spelling and usage. Any student who is confused by these irregularities has much in common with the author, who finds them totally bewildering.

ACKNOWLEDGMENTS

Acknowledgments are due to Buff Hardy and Roly Yorke, who first conceived the idea of Helen o Torry and to other (unknown) writers of the Aberdeen Student Show for the book title in Lesson I; to Ian Mclaren (Aberdeen and Edinburgh) for advice on the granite industry; and, especially to Donald Manson (Aberdeen and Prestwick) and David Ogston (Aberdeenshire and Perth), who, in kindly undertaking to read the ms., made numerous helpful suggestions.

Awa at the Assembly and a West Central Scots version of *Rabbie's Recipe* were originally broadcast on BBC Radio Scotland; *The Competition* was written as a film commentary for Grampian TV News; *Nine Gweed Rizzons* was first published by Aberdeen University Review; *The Boodie an the Craa* by the Press and Journal; and *His Ain Back* by The Scottish Review.

The following items appear on the (incorrectly titled) *Teach Yourself Doric* cassette and CD: *Awa at the Assembly; The Competition; Nine Gweed Rizzons; The Reunion; Wither Forecast; Rabbie's Recipe; The Ill-Faart Quine; Mot'rin Throwe; The Boodie an the Craa; Aam Ganawati Hawaii; Ladies in Waitin* and *His Ain Back*.

Most of the vocabulary in the book should be found in *A Doric Dictionary*, published in 1996 by the Scottish Cultural Press.

CONTENTS

DORIC

PROSE EXTRACTS AND VERSE
FOR TRANSLATION AND ORAL PRACTICE

1. GLAMOROUS KNICHTS

There cam a day, fin Arthur fun his queen, the Leddy Grimavere, sittin her leen in her bed-chaamer, leukin rale doon-i-the-moo. "Fit like?" speirt the keeng. Grimivere niver said naething. "Fit's the maitter?" he says. "Hiv ye tint a shullin an fun a saxpence?" Syne, Grimivere haalt oot her hunkie an dabbit her een. "Leave's aleen," she said. "Fit wye?" says the keeng. "Fit ails ye, queen-quine? Yer face is fair trippin ye."

"I ken," she says. "I canna help it. I feel aat dowie nooadays. I dinna ken fit's come ower me. I canna hud fae greetin."

Noo the keeng wis fair pit oot fin he hard 'is an histit tae the coort physeeshun, Sir Vyclesmere. "The wife's teen a dwaam," he says. "Ye'll need tae see fit ye can dee." Sae Sir Vyclesmere sclimt up the tooer tae the bed-chaamer o the Leddy Grimivere, fobbin an pechin aa the wye, for he wis nae langer in his pottiestatur. Syne, back he cam tae the keeng, saying there wis naething wrang wi the queen-quine as far as he kent. She wisna aff her mait an she wisna aff her wark. She wis jist a bittie fushionless; an ere she stoppit greetin, aa he cud dee wis gie her a hullock o paper hunkies an howp for the best.

Bit aye the Leddy Grimavere gaed on greetin; an the keeng wis aat putten oot 'at he gaed roon the knichts o the roon table, een aifter the ither, speirin fit he sud dee. The first knicht, Sir Bedsiplace, said aathing wid come richt, gin the queen-quine gaed till her bed for a filie, sae the Leddy Grimivere did fit she wis telt, gaed till her bed for a wik an hid a gweed greet ilka day.

The neist knicht, Sir Galavant, said she sud get oot a bittie mair, sae the Leddy Grimivere gaed on the randan for a wik an cam hame greetin ilka nicht.

The knicht aifter aat, Sir Gwahame, said she sud gyang back till her midder for a cheenge, sae the Leddy Grimivere gaed awa an bade wi her midder for a wik, syne they *baith* cam back greetin.

The mornin aifter the knicht afore, Sir Laachalot, wis nae mair help. He telt her a fyow bars tae kittle her up; bit she'd hard them aa afore; an sae far fae garrin her laach, they made her mair dowie nor iver. The keeng wis aside himsel wi vexashun. Noo, in yon days, fin aa else failt, there wis naething like a bit o glamourie, sae some o them caad in the coort mageecian, Merlin, an priggit wi him tae dee something.

"Fit the queen-quine maan dee," says Merlin, "is awa intae Camelot an buy a lottry ticket. An I'll see till't 'at her nummers come up." Sae the queen did fit she wis telt an gaed awa intae Camelot an bocht a lottry ticket. An it fair pit the nebs o the knichts oot o jynt, fin, sure eneuch, her nummers cam up an she colleckit a fyow meellion on the lottry.

Bit, michty me, it made nae odds fitiver, an fin they brocht her this muckle amunt o siller in plastic pokes, did she nae greet aa the wye tae the bank wi't!

(Samuel Styte, *The Knichts o the Aiberdeen-an-Twal-Mile-Roon Table*)

fob pant with heat or exertion	**on the randan** carousing
pottiestatur prime	**bar** funny story
fushionless lifeless	**glamourie** enchantment

1. Wi nae bairns o her ain tae vex her, fit did the queen-quine hiv tae greet aboot?
2. Fit's the cure for an annus horribilis? Are suppositories ony eese?
3. Did King Arthur really exist? If so, which part of the North-east did he live in?
4. Is this a moral tale? If so, what is it doing in a work of contemporary fiction?
5. Not counting party political broadcasts, how do you get a good laugh yourself?

2. THE COO AN THE PEACOCK

A coo that ae day triet tae flee
Gat stucken haaf wye up a tree.
A bonnie beas, pairt-fite, pairt-broon,
She wisna able tae get doon.

She criet upon her freen the meer;
Bit she wis deef an didna hear.
She thocht the pig micht stacher by;
Bit he wis sloch'rin in his stye.

'I'll fan ma tail!'

3

It happent tee that ilka sheep
Wis heid-doon chaain at a neep.
The caat wis shairpenin her clooks;
The fulp wis busy fleggin deuks.

The hens war thrang wi clockin, fegs,
An didna wint tae leave their aigs;
An onywey, lick deuks an geese,
They widna hae been muckle eese.

A peacock syne cam nar the tree;
An kynly speirt fat he cud dee.
The coo criet "Help me! Dinna fail!"
"I ken!" says he. "I'll fan ma tail!"

The moral o the story's plain:
Faan tribble comes, ye're on yer ain!

(Laff Fonteyn, fae *Alsop's Fables*)

flee fly	**chaain** chewing
pairt-fite partly white	**fulp** whelp, dog
meer mare	**thrang** busy
stacher stagger	**clockin** brooding
sloch'rin wallowing	**nar** near

1. Foo wad the coo hae wintit tae flee? Wis somebody seekin milk for a fly cup?
2. Gin ye nott help, wid ye raither yer freens war willin bit preoccupeet, or willin bit feel?

N.B. An RSPCA representative was present throughout the writing of this verse.

3. FOO THE COUNTRY CAM TAE TOON

Are ye needin a wird o advice? If ye bide in a hoose that hisna a slaaghter-hoose doon the rodd, dinna flit. Tak it fae me. We flittit an got wirsels in a richt sotter. Tae win tae school* ivry mornin, me an ma brither noo hid tae waak alang the nairra roddie faar the slaaghter-hoose wis, richt in the middle o the toon. Ye'd be daanerin alang mynin yer ain business, fin aa o a sudden, oot o naewye, a muckle herd o coos, or whiles a flock a sheep, wid come rinnin in at the far en o the rodd an ye couldna get by for the steer. Ere'd be black coos, broon coos, white coos an strippit coos; coos wi rollin een an steamy braith comin oot o their moos on a caal winter's mornin; an twa-three mannies wi sticks rinnin aifter them an roarin their heids aff tae mak them tak the richt rodd.

Sheep or coos, they'd come aff the train at Kittybrewster, been selt at the mart ower the rodd, syne come aa the wye doon George Street, (nae doot skytin on the tramlines), an turn intae Fraser Place, faar the slaaghter-hoose wis. The coos war the worst, great muckle craturs that bellat for aa they war worth an could hae trumplt ye tae blaads as seen as look at ye. An och, the sharn! Supposin ye hidna been trumplt this time or squaasht against a waa, there wis aye the fool mess o sharn tae plyter through. An if aa this made ye late for the school, fit wis ye tae say tae yer teacher, a toonser like yersel? Please miss, I couldna get by for a herd o coos! Ye'd likely get a lickin for yer impidence, though ye could aye show her yer sheen an aat micht win her roon.

The slaaghter-hoose is lang awa. There's a block o funcy flats there noo. They caa it Fraser Coort. Real perjink, if ye dinna ken ony better; bit, for aa the frilly screens an the pottit plunties in the windae, it'll aye be Cattle Coort tae me.

(Airlie Daze, *Sharn on Ma Sheen: Mem'ries o a Toonser*)

flit move house	**sharn** cow-dung
sotter mess	**toonser** person brought up in the town
daanerin strolling	**lickin** thrashing
steer stir	**perjink** nice and neat

* Skweel is no longer urban usage.

1. Fit wid it tak tae gie ye a fleg on the rodd tae skweel the day?
2. Wid the sicht o aa that sheep an coos mak ye wint tae be an orra-loon, or mak ye gled ye're nae?
3. Was the young boy's experience a useful introduction to animal husbandry?
4 In the interests of historical accuracy, should Fraser Court be renamed Slaaghterhoose Court? Sharny Mews? Guff Gairdens?

4. AWA AT THE ASSEMBLY

Good morning. Bonnie weather. Just go in and take a pew.
I've never seen your face in kirk before. You must be new.
Yes, this is Andrew Black's church, Holy Trinity, that's true;
But Mr Black's away at the Assembly.

Ay, Mr Black's been with us now since 1958.
A very godly man he is, it's only fair to state.
Its maybe jist a peety that his preachin's nae sae great.
Still, Mr Black's awa at the Assembly.

I will say, Mr Black can do a lovely children's talk;
Bit a forty-minute sermon's far ower lang for aa the folk
Needin hame tae Sunday dainner. We get oot at 12 o'clock,
Fin Mr Black's awa at the Assembly.

Tak aff your coat an hing it up afore ye settle doon.
If ye canna fyn a seat, then see the beadle, Mr Broon.
Aat's him wi rollt-up shirt-sleeves. Well, he niver weers his goon,
Fin Mr Black's awa at the Assembly.

D'ye like to hear the organ? Fine musician, Mrs Reid;
An a wizard at the peddlin, for aa that she's knock-kneed.
I hope ye've plinty braith; she taks the hymns at twice the speed,
Fin Mr Black's awa at the Assembly.

Ye'll nae see Mrs Black the day. She's "indisposed", it's said,
She wis tellin Mr Ogston she gets spasms in her head,
Atween wirsels, she aye spends Sunday mornin in her bed,
Fin Mr Black's awa at the Assembly.

The Session Clerk's anither absentee - aat's Mr Sproat.
I ken we hiv tae 'cast the beam' afore we 'cast the mote';
Bit Willie Sproat his aye gaen doon tae Cove tae pent his boat,
Fin Mr Black's awa at the Assembly.

Aat gentleman's wir aalest member, Archibald McBean.
They say he jynt the kirk way back in 1917.
Myn you, he nivver comes; in fact, he's only tae be seen,
Fin Mr Black's awa at the Assembly.

The congregation arena good attenders as a rule.
I doot they'd need tae mak the kirk compulsory, like school.
Apairt fae Christmas services, the only time it's full
'S fin Mr Black's awa at the Assembly.

Fae siven hunder members, there's fiver hunder here so far
For Mr Black's replacement, some nonentity caad Carr.
He's likely nae much better; bit he'll nae be muckle waar
Nor Mr Black, awa at the Assembly.

Ye'd better tak yer seat noo; bit I've much enjoyed wir crack.
Ye wint tae fyn the vestry? Bit the vestry's roon the back.
Oh mercy, then it's you that's staanin in for Mr Black,
Wi Mr Black awa at the Assembly!

(Hugh MacTurgid)

peety pity	**jynt** joined
weers wears	**doot** doubt
atween between	**muckle waar** much worse

1. Is it jist coincidence that the kirk's ful fin the minister's awa, or dis the B. D. aifter the minister's name really mean Borer tae Daith?
2. Fit's the best excuse for nae bein at the kirk? Spasms in yer heid or pentin yer boat?
3. Give chapter and verse for the Bible reference to *mote and beam*.
4. What do you mean "I dinna ken"?

5. THE LORD O THE ILES

(The sultan his haen hunners o wives bit his gotten intae the wye o fellin ilka wife aifter their waddin nicht. His latest wife, Shehizalad, is keepin hersel alive b' tellin her maan a story ilka nicht bit niver lattin on the eyn o't or the mornin aifter.)

An sae, ma darlin dawtie, the peer gangrel becam the sultan o this ile-rich kwintra an set up hoose in a pailace, merriet an hid nine littlins, ae loon an acht quines. Noo the loon, bein the only loon, wis affa spylt b' his mither, the sultana, an gat fitiver he wintit. Fin he wis sax-ear aal, he says till her, "Midder, aabody kens that ma fadder's walth comes fae ile an aat's fit maks him sic a weel-geddert chiel, sae, come ma birthday, fit I'm needin is an ile-waal o ma ain." "Onything ye wint," said his midder an gaed till his fadder an socht a wee waalie for the loon.

Noo, his fadder niver likit tae na-say onything till his gweed-wife; bit he wis a wyce-like chiel tee an he kent it widna be gweed for the loon tae hae a rale ile-waal tae himsel, sae he says till her "Ay, we'll gie him an ile waal; bit, as he's nae mair nor sax-ear aal, we'll mak it a waalie that gies oot peppermint-ile." Sae the loon gat his ile-waal an wis fair trickit wi himsel. An the neist ear, fin he wis siven-ear aal, did he nae wint anidder waal? Sae he ups an gings till his midder an tells her fit he's needin till his birthday; an his midder gings till his fadder; an the fadder, nae likin tae na-say onything till his gweed-wife, says till her "Ay, we'll gie the loonie fit he's wintin; bit lat it be a waal that gies oot eucalyptus-ile."

Sae the loon gat his ile-waal an wis fine pleaset wi't. Bit the neist ear, fin he wis acht-ear aal, did he nae wint anidder waal? Sae aat ear, he gat a palm-ile waal; the neist ear he gat a sunfloor-ile waal, the ear aifter aat, a hair-ile waal; an sae it gaed on ear aifter ear, waal aifter waal, or the loon wis fowerteen. An or this time, he saa that, tho he hid gey near haaf as mony waals as his fadder, he stull wisna a walthy chiel, sae he says tae himsel "I doot ma fadder's been haein a hyze wi me. It's time I telt ma midder that she may be a sultana bit I'm nae a nut!" Sae up he gaed till his midder; an his midder gaed till his fadder; an his fadder said "Ay, the loon's growin. It's aiblins richt he sud hae a rale waal o his ain. Bit nae or neist ear. This ear, he'll get a speecial waalie that gies oot ginchbreid."

Noo fin the loon's birthday cam an aa he gat wis the ginchbreid-waalie, he wis aat scunnert, he wintit the waalie oot o his sicht aathegidder, sae he sent it till a farawa laan faar his uncle wis the Bey o Nigg; an alang wi the waalie, he sent a letter that his fadder's vizier hid vrutten oot for him. Only the vizier cudna spell richt; an ginchbreid becam gibberie. An fit the Bey o Nigg did wi the gibberie-waalie, ma darlin dawtie, I'll seen tell ye - bit nae or the morn." An wi aat, Shehizalad an the sultan gaed awa tae their beds.

(Tales o the Arabian Nichts)

fell kill	**ile-waal** oil-well
dawtie pet	**hyze** joke
gangrel tramp	**ginchbreid** gingerbread
weel-geddert well off	**Gibberie Waalie**
	(now in Sunnyside Park, Abdn.)

1. Fit wad ye gie a spylt bairn? Onything he wints or a skelp roon the lug?
2. Ye micht say *Coronation Street* is the modren vershun o the *Arabian Nichts*, the story that niver eyns. Gin the heid-bummers o Granada TV iver brocht it till an eyn, wad they aa be murthert?
3. Should they be murthert onywye?
4. Write a Doric story without end and get a good friend to read it. A really good friend.

6. THE TURRA COO
(to the tune *Come to the Fair*)

Lloyd George says there's Nashnal Insurance to pey.
Ay, fegs, siccan a splore.
Bit fairmers are laith an wad raither mak hey.
Ay, fegs, siccan a splore.
At Lendrum, near Turra, Bob Paterson's sweir,
He winna stump up for his warkers, nae fear;
An it's ay, fegs, shirras may fine
Him in coort bit he winna mak peyment.

An offisher gyangs oot tae Lendrum-toon noo.
Ay, fegs, siccan a splore.
He maan poind a something an wyles a fite coo.
Ay, fegs, siccan a splore.
The twa Turra marts winna help him ae bit;
There's neen 'll len transport: the coo gyangs on fit;
An it's ay, fegs, leuk for the sale
I the Turra toon square aat same mornin.

There's hunners an hunners o fowk hiv turnt oot.
Ay, fegs, siccan a splore.
The warkers hiv gotten a haafie tae shout
"Ay, fegs, siccan a splore."

'They'd pentit a message in green on her flanks'

10

The coo wis at lang laist brocht furth in her branks;
They'd pentit a message in green on her flanks,
That said ay, fegs, "Lloyd George & Coo"
An "Fae Lendrum tae Leeks", "One More Victim".

The crood wis as canty as gin twis a fair.
Ay, fegs, siccan a splore.
They swypit the offisher oot o the square.
Ay, fegs, siccan a splore.
The coo syne ran aff; an the peer unctioneer
Wis cloddit wi kail-staaks an sitt in the steer
An wi eggs, fegs. Syne he ran intil a stable
An sclimmt on a foresta.

Sic cantrips fair scunnert the local police.
Ay, fegs, siccan a splore.
Acht chiels war accusit o breach o the peace.
Ay, fegs, siccan a splore.
The fiscal maintaint they war nocht bit "riff-raff";
They pleadit "not guilty" an syne they got aff;
An it's ay, fegs, fit o the coo? It wis sellt
Bit wun back in the lang run.

Syne aathing wis jist as it hid been afore;
An it's ay, fegs, siccan a splore!

(Stewie Sondheim)

Turra Turriff	**wyles** selects
fegs faith	**branks** halter
splore revel	**swypit** swept
sweir reluctant	**cloddit** pelted
shirras sheriffs	**sitt** soot
poind confiscate	**foresta** manger

1. Fit wye wid the fairmer nae stump up? Hid he nae stumps?
2. Fit wye wis aabody sweir tae help the offisher? Did they nae ken fit "poind" meant?
3. Wi hunners turnin oot for the sale o the coo, wis this the stairt o the Turra Show?

11

7. LAAD O PAIRTS

(Geordie Peerie, the North-east ile-meelyinaire, hid a hummle stairt, as the blockbustin story o his life maks clear. The twa rooms 'at his faimly bade in hid nae bathrum, sae aabody hid tae waash themsels at the kitchie sink.)

Nyaakit as the day the howdie skelpit his dowp, Geordie hid ae leg in ower the sink an ae fit in the nammel basin, fin, o a suddenty, there wis a chappin at the door. Fit a fleg he got. Bit niver myn, he thocht, he widna hae tae ging tae the door. His mither wis ben the hoose. She wid awa tae the door; an, wi him in the state he wis in, she widna tak onybody in. He heard her openin the door. "Och, it's yersel, Mr McKillop." (The meenister!) "Come awa in!"

Fit wis she thinkin aboot? Geordie yarkit his fit oot o the basin, ruggit tee the windae curtains tae hide aa the troke at the sink, grabbit a tool fae the press an his claes aff the cheer an skelpit for aa he wis wirth tae the curtaint wardrobe in the far neuk of the livin-room; jinkit ahin't an pullt tee the curtain jist as he saa the meenister's haat come roon the door.

An there, he dreept an chittert, file the meenister an his mither newsed awa aboot ae thing an anither: the kirk an the kyre; the faimly; the loons an their skweel wark. Geordie wis weel able tae spik for himsel bit thocht he'd mebbe better nae stick his heid roon the bit cloot hingin in front o him an say "I'm deein jist fine, thank ye kynly."

At laist, the meenister rase, said a gweed-wird or twaa an gaed awa tae gie some ither body a fleg. Geordie's mither, fin she cam back intae the livin-room, wis fair stammygastert, fin she saa a near-nyaakit loon faar naebody hid been afore. "I winnert fit hid come ower ye," says she "bit I hidna time tae think ower muckle aboot it."

It wis a moment o revelashun. Geordie made up his myn that sic a thing wid niver happen again. "Gin iver I mak a meelyin," he thocht, "I'm gaan tae get masel a new mither!"

(Mac Situpp, *Fae Rose Street tae Rubislaw Den.*)

nyaakit naked	**troke** clutter
howdie midwife	**press** wall cupboard
skelpit smacked	**kyre** choir

1. Fit's the biggest fleg ye've haen sin the howdie skelpt yer dowp?
2. Dae ye myn fin meenisters eest tae veesit their congregashuns?
3. Dae ye myn fin meenisters hid congregashuns tae veesit?
4. Are your sympathies with the man of the cloth or the man behind the cloth?
5. Where would you hide if the minister visited today?

8. THE SANG O THE DRY-STEEN DYKERS

Nae a steen abeen a steen;
Bit a steen abeen twaa.
Pin weel, pack weel,
Tae big a bonnie waa. (Twice)

Dry-steen dykers - een, twaa, three;
Eident warkers, aat's nae lee.
Eident warkers - three, twaa, een;
Heids weel doon or the day's darg's deen.

Nae a steen etc.

Nae eese deein fit ye like,
Gin ye wint tae big a dyke.
Dykers dee - an ayeways will -
Fit their fadders hiv taaght them till.

Nae a steen etc.

Doon faas poorin rain an sleet;
Dry-steen dykers get rale weet.
Fitna chiel can dee his wark,
Freezin caal in a sypin sark?

Nae a steen etc.

Faa's tae say it's aye a crime,
Lowsin lang or lowsin time?
Nae steen dyker that I ken
Can mak a dry steen dyke in the poorin rain.

Nae a steen etc.

(Wm. Makepeace Smacherie)

steen	stone	**darg**	day's work
big	build	**rale**	really
eident	industrious	**sypin sark**	soaking shirt
lee	lie	**lowsin time**	time to stop work

1. Lairn tae sing this N. E. sangie.
2. Big a dry-steen dyke accordin tae the prenciples laid oot in the sang. An nae nabbin steens aff yer neiper's dyke!

9. AAL MORALITY

Sir Walter Scott eence taal the tale o Old Mortality, an aal man 'at gaed roon Scotlan reddin up the greffs o the Covenanters. Nae near sae faamous wis Billie Bisset, a granite-cutter fae Tullynessle, faa carvit himsel a place i the history o the N. E. granite industry b' mis-spellin ilka greff-steen he iver set his haan tull. Billie hid niver been muckle eese at his spellins at the skweel; an he gat nae better as he grew aaler. His maist reglar mistak at his wark wis tae chisel *moral remayns* on a steen instead o *mortal remains*; an aat's the wye he gat his by-name o Aal Morality.

Idder fowk's names bleckit him aathegidder; an he gat them jist as aften vrang as richt. Ye widna believe the nummer o Frunks, Wulters an Unguses to be fun athin a twinty-five mile radius o Tullynessle. An the weemen wisna ony better dailt wi. Gin it wis *Beenie* an *Teenie* ye vrote, thocht Billy, fit wye nae *Jeenie*? Gin't wis *Belle* for *Isabella*, fit wye nae *Belle* for *William*. They soondit jist aboot the same aifter an aa; sae there wis mair nor ae weeda-umman 'at ereckit a steen till

14

her maan, Belle; ay, an mair nor ae weedower that murnt his late wife, John, aat bein as nar tae Joan as Billie iver cam.

Fin he commemoratit Dennis Duguid o New Pitsligo *as a dyer, who dyed in his 76th year,* fowk said the chiel hid left it some late afore stairtin his trade.   Bit there wis mair o a heelabalow ower a fairmer caad Ackie Jamieson, for fit did it say on his steen? Nae *Alexander Jamieson, Neipheid o Sharnybogs* bit *Alexander Jamieson, Neipheid, o Sharnybogs.* It's a winner fit a difference a comma maks. Myn you, the stushie on aat occaasion wis naething tae the een they kickit up ower anidder fairmer's steen.   This wis Algy Brewer's.

For a stairt, instead o pittin *Algernon Brewer, farmer,* Billy pit *Algernon Farmer, brewer;* an than hid tae scoor doon the face o the steen wi shot an stairt aa ower again. Billy wis aye chippin awa in his yaird, fin een o his neipers leukit in by an said till him, "Ye canna pit *Bumff* on a greff-steen, min!" "Fit wye nae?" says Billy. "Aat's faar he wis bidin fin he deet!" Weel, there wis mair o a fash, fin the faimily saa't; an Billie hid a gey job cheengin *Bumff* tae *Banff;* bit, feenally, he gat it deen; an the steen wis ereckit; an Billy accoontit it een o his finest warks, for fowk cam tae see't fae miles aroon an teuk photies o't an aathing.

Nae muckle winner, for gin ye've seen't yersel, ye'll ken it says *Here lies the boodie o Algernon Brewer, farmer.* An, of coorse, aabody says "Gin the boodie's gettin sic a graan beerial, fitna moniment wull they pit up tull the fairmer?"

(Jock Steen, Granite Wis Ma Breid an Butter)

greffs	graves	**weeda-umman**	widow-woman
stushie	row	**bleckit**	defeated
murnt	mourned	**boodie**	scarecrow

1. Is a greff-steen the best place tae practise yer spellins?
2. Wis Billie a peer warker or wis he jist haein a bad spell?
3. Have you made any grave mistakes yourself?
4. Use the story of Aal Morality to argue in favour of cremation.

10. N. E. MAN

Faa's the chiel that's aye in the news?
N. E. Man.
Faa wins prizes for his doos?
N. E. Man.
Faa's nae feart tae say his say?
Faa's reportit day aifter day
In the mornin P. and J.?
N. E. Man.

Faa wis in yon siege in Peru?
N. E. Man.
Faa'd tae sell the Turra Coo?
N. E. Man.
Faa showed sic byordnar spunk,
Fin the gryte Titanic wis sunk.
Faa clung till a widden plunk?
N. E. Man.

Faa can nae hae glory anuff?
N. E. Man.
Faa's as gweed as Airchie Pluff?
N. E. Man.
Faa plays fitba for the Finns?
Faa his faithert three sets o twins?
Faa's haen fower lott'ry wins?
N. E. Man.

He's the pride an joy o Bombay,
N. E. Man.
He's the toast o San José,
N. E. Man.
N. E. man gets wed at Luss;
N. E. man in Montreal fuss.
He is richt ubiquitous,
N. E. Man.

Faa's the caase o sorra an dool?
N. E. Man.
Faa's jist deet in Istanbul,
N. E. Man.
Something we maan hae tae face,
Gin we rin the feminist race:
N. E. Quine may noo replace
N. E. Man.

(Tilly Drone)

doos doves		**spunk** courage	
byordnar extraordinary		**dool** grief	

1. Fit wye div this chiel's ongyaans aye get reportit in the paper?
2. If N. E. Man wis baith on the Titanic an at the siege in Peru, wis't mebbe high time he deet?
3. Was N. E. Man an intrepid traveller and international celebrity or an outragous self-publicist and all-out bore? Discuss.
4. Will N. E. Quine be able to father three sets of twins?

11. DOWNIE'S (S)LAACHTER

(The sacrist [university mace-bearer] o King's College, a chiel caad Downie, sair tirraneest the colleeginers [students], or they aa wintit tae be upsides wi him.)

Aboot twenty colleeginers cam in aboot Downie at the college, teuk huds o him an gart him ging intil a room aa laid oot like a coort. Here, the sacrist wis triet, fun tae be guilty o bein a tirran an telt his heid wad be caad aff.

Syne, he wis blinfaaldit an teen intil anither room, Downie deein aa he cud tae lichtlifie the maitter; bit nae seener wis he in this sicond room, nor they bun his hans ahin his back; the cloot wis teen fae his een; an he saa fit they ettlet tae dee. The waas an the fleer wis happit wi blaik. Afore him steed a gryte widden block, wi een o the stootest o the colleeginers rinnin his finger alang the sharp-nebbit

17

eyn o an aix. Yonner tee steed a muckle happer o saadist an a cogue o waater; an aside them, anither colleeginer wi a tool in his haans.

He wis telt he hid nae mair nor a fyow meenits tae live an it wad be wyce-like tae eese them tae redd himsel for the neist warl. Twa meenisters in goons cam in singin a psalm. At laist, Downie spak oot. He telt the colleeginers they maan be haein a hyze wi him; he triet tae gow them ower; he threetent. It wis nae eece. Wi niver a wird, a chiel pyntit tae the knock. It wintit five meenits tae the oor. The muckle-boukit chiel wadgit his aix eence mair. The een wi the tool begood tae thraw saadist aroon the widden block.

The terrifiet Downie syne drappit till his knees, ownt that he'd been ower strick wi the colleeginers an remorst aa he'd deen. It wis ower late. The knock wis at the oor. They plankit him doon wi his heid ower the block, than lowsent an faaldit back the happins roon his neck an thrapple. Syne, the een that heelt the tool weet it in the cogue o caal waater an brocht it doon wi a sclaffert on the neck o Downie, faa lat oot a grain an deet.

Fin they leukit doon on his lifeless corp an saa fit they hid deen, the colleeginers war sair fleyt an didna ken fit tae dee. Syne, an ondeemas ferlie: the corp begood tae chitter an shak fae heid tae fit, or the een apent an the "deid" sacrist lat oot a roar o laachter. "Ye thocht ye'd mak a gowk o me, did ye," says Downie, gettin up aff the block. "Weel, Downie's slaachter is ralely Downie's laachter. Faa's the gowk noo, ma mannies. Faa's the gowk noo?" An, wi aat, he killt himsel laachin.

(Tammas Tarradiddle, Naething Bit the Trowth)

upsides wi even with	**gow ower** persuade
ettlet intended	**knock** clock
happer basket	**muckle-boukit** burly
cogue wooden pail	**wadge** wield
tool towel	**sclaffert** slap
redd prepare	**fleyt** afraid
hyze joke	**ondeemas** extraordinary

1. Foo muckle trowth is there in this story, think ye? Faar div the lees stap an the muckle lees stairt?
2. Is this the wye colleeginers cairry on the day?

18

3. Could Downie have strayed into a meeting of the university senate?
4. Rewrite this courtroom drama for TV, with Perry Mason as the Prosecuting Counsel, Rod Steiger as the *colleeginer wi the aix* and Richard Gere as *the chiel wi the weet tool*.

12. THE COMPETITION

(A ballant vrutten for Grampian TV news)

In Fraserburgh's bonny toon,
Some news ae day gaed ringin roon,
That gart them leave their fish an fishin:
A huggis-eatin competition
On aat verra Monday fell,
Open tae the warld itsel.

An sure aneuch, contestants speed
Fae Foggieloan, fae Peterheid,
Fae Auchinblae an Auchnagatt,
Fae Crimond, Collieston an Clatt.
They bizzed like bumbees roon the toon
Or aabody gat sattlt doon.

The huggis syne wis pipit in
Wi muckle pomp an muckle din;
An, by an by, a maan got up:
A hunner shillans an a cup
Wad gyang tae him aat hid the pooer
Tae swally maist in haaf-an-oor.

An ere he'd feenisht sayin yon,
A huggis skirlt!   The fecht wis on!
They rippt the skins fae aff the limmers
An oot fell aa the beasts' intimmers,
Gollopt up as they did faa,
Intestines, liver, hert an aa.

The pace wis slaa ere some-een beckont
Aat laad's stairtit on his second!
The idders gat new smeddum noo;
The puddins fast an faster flew;
The men caad on as in a trunce;
The huggis didna hae a chunce.

Wives an mithers grat an waitit,
Tull, their stamacks sair inflatit,
Strinth fae ilka maan wis draint;
An, by an by, bit een remaint;
An he kneipt on at sic a crack,
Ye'd thocht the deil wis at his back.

Syne, aifter aa that he wis able,
His heid drappt doon upo' the table.
Bit he, the hero o the day:
Kenneth Wallace o Lonmay,
Wha threw his speen richt up on hie;
An near threw up the huggis tee,

While Scots wha hid wi Wallace fed,
Wi bloatit bellies, belcht tae bed.

(Geoffrey Chuncer)

gart	made	**intimmers**	innards
Foggieloan	Aberchirder	**gollopt**	gobbled
skirlt	screamed	**kneipt on**	persevered
limmers	rascals	**speen**	spoon

1. Wis ony major warld centres nae representit at the competition?
2. Wad ye aye aet huggis, gin ye kent fit gaed intil't?
3. Is't the moral o this story that ye'd hae tae be peyt tae aet a lot o huggis?
4. Should haggis be consumed for purposes of sport and entertainment, or should a humane degree of protection be considered?

20

13. REETS

(In a little-kent newspaper artickle, Robert Burns' untie, Belle Burnes, maks plain foo it cam aboot that her brither flittit fae Kincardineshire as a young chiel an gaed awa tae bide in Ayrshire.)

Talking to me in her cosy, white-washed but-and-ben at St Cyrus, Belle Burnes (83) spoke fondly of her late brother, William. "He wis a quate chiel, Wullie, bit as thraan's they come. He aye wintit his ain fairm; bit he cam fae a lang line o peer fairmers; an I telt him he wad dae a hantle better, gairdnin for ither fowk the wye he wis daein an nae saiddle himsel wi a fairm o his ain. Bit na, na, he widna hearken tae me. He caad me a threepin jaad an said I deevt him wi ma girnin. Bit it wis aa for his ain gweed. Onywye, we streeve at the hinnereyn; an awa he gaed doon tae yon coorse place in the sooth-wast, sayin he howpit niver tae hear ma ill-gruntit vyce again."

I put it to Belle Burnes (87) that she may have been responsible for the fact that Scotland's national poet was born in Ayrshire, instead of the North-east. "Och, there's nae doot aboot it, laddie. I drave his fadder oot. Bit I aye kep in touch an niver a Sunday passt bit I wid vreet a lang letter first tae Wullie, than fin he deet, tae Robert, tellin them fit wis gyaan on in the Mearns. In fack, a hantle o Robert's warks wis vrutten aboot fit I pit doon in ma letters. Did ye nae ken aat? Och, ay, I thocht aabody kent aat. Ye ken Tam O'Shanter? Weel, aat wis a story I telt him aboot a chiel fae the Mearns caad Tam Souter an the mishanter he hid ae nicht, fin he thocht he saa the deil in Lowrenkirk. Weel, aiblins Robert cudna read ma vreetin; bit aa aat gat jummlt up; an fit cam oot wis Tam Mishanter gettin foo wi the souter an seein the deil at some ither place wi a kirk!"

Were any other Burns works based on her letters, I asked. "Save's, gin they didna come oot o ma letters, they cam oot o the *Skite Sentinel* 'at I eest tae sen doon ivry ither wik. Yon moose he made faamous wis fun b' Chairlie Lumsden in a park ootside Fettercairn. The loosie wis hingin fae the hair o a laasie in Glenbervie Kirk. Duncan Gray wis a molie at Monboddo. Mary Morrison hid a sweetie-shop in Kinneff. Mercy on's, 'Ae Fond Kiss' wis fit I aye pit at the eyn o ma letters. 'Ae fond kiss fae yer Untie Belle'."

But did Burns ever reply to these missives so redolent of N.E. life and so faithfully sent by his loving aunt? "Loshtie, ay," declared Belle Burnes (91), "an near aye in rhyme. I cud hae papert ma waas wi them." Were they still extant these unknown works of our national bard? "Na, na, laddie, there's nae room for troke o that kyn in a but-an-ben. I kep them in ablo the bed, or there wis aat muckle a hullock o them, it gart the mattraass gyang skew; an I feenally made curl-papers o them." With that, the colourful centenarian fell asleep; and I slipped quietly from the presence of this link with our literary heritage, pausing only to trip over the hen's dish at the door.

(Mair Havers, *I Wis Burns' Untie, Skite Sentinel.*)

reets	roots	**Skite**	Drumlithie
streeve	quarrelled	**molie**	mole-catcher
ill-gruntit	ill-natured	**skew**	askew
mishanter	accident		

1. Is ablo the bed the richt place tae keep leeterary warks?   Or wid they be better proppin up a shoogly table?
2. Fit div ye kep ablo yer ain bed?
3. Would Robert Burns have made more of a name for himself, had his family stayed in the N.E.?
4. Had Robert Burns lived in the Mearns, to what extent could population decline have been arrested?

14. THE BUTTERFLEE AN THE MOCH

Alang a loch athoot a name,
A butterflee wis fleein hame;
An wi the vainishin o licht,
Wis histin tae win back ere nicht.

As she flew east, a tiger moch
Wis wingin wast alang the loch;
An, fit wi faain mirk, the pair,
Collidit in the gloamin air.

Nae hairm deen, tho. They cowert quick;
An butterflee wis first tae spik:
"I'm ralely vext tae gar ye laan.
I didna leuk faar I wis gyaan.

I'm nae aat eest tae takkin flicht
In sic a dweemly-dwaamly licht.
I'm boun for hame; bit ee nae doot,
Are gettin riddy tae gyang oot?"

The moch says "Michty ay, ye're richt.
Hiz mochs hiv aye prefarrt the nicht,
The markness an the cunnle-bleeze.
We lea the day tae butterflees."

"Ca canny, than, an nae get brunt*,"
Says butterflee, "nor smore 'n a lunt.
I'd raither spen the nicht in biel
Nor flee aboot. It's mair genteel!"

Moral

We're aa made diff'rent, trowth tae tell:
Ye're jist as weel tae be yersel.

(Laff Fonteyn based on *Alsop's Fables*)

moch moth	**hiz** us
mirk, markness darkness	**lea** leave
cowert recovered	**smore** smother
laan land	**lunt** column of smoke
dweemly-dwaamly feeble	**biel** shelter

1. Fit dae ye caa a loch athoot a name?
2. Wis the butterflee richt tae stop at the scene o a mishanter?
3. Wis the moch oot on the randan or wis the butterflee ower perjink?
4. How would you prevent mid-air collisions involving lepidoptera?
5. What lessons may be learned for helicoptera?

*Note the transferred *r* in the word *brunt (burnt)* and move your own *r*s whenever appropriate.

23

15. THE MESSAGE-LOON

(Geordie Pirie, the Nor-east ile-meelyinaire, wis eence a message-loon wi the gro-
cery chyne, Wilburn. It wis here that he first began to gedder his gryte walth.)

Wilburn's shoppie in Rosemount sairt the hale districk roon aboot wi
aathing fae split peas tae aipples an peers. Fit wisna tae be seen on
the skelves (stuff like lentils an sugar) wis keepit in draars an made
up in pokes for onybody that socht it. An aye ye'd be sairt b' a coon-
ter-lowper. There wis nae helpin yersel in thon days. Maist o the
fowk cairriet their messages hame wi them; bit een or twaa got the
message-loon tae fesh aathing roon on his bike aifter skweel.

Geordie hid faan heir tae baith bike an job fae his aaler brither an
gaed roon tae the shop nae jist on wik-day aifterneens bit for an oor
or twaa on Saiturday tee. Ivry day, he wid get the caat's fish fae a
shoppie in Rose Street: a hale haddock for a shillan (a gran dainer gin
ye likit fish; bit aat wis aa aat caat iver saa b'wye o mait).

The fowk 'at cam intae the shop were a bittie mair fashious an
bocht aa kyn of stuff tae aet. Geordie wid whiles hae a bit o a tyaave
feshin't roon tae them. There wis the stockbrokker's wife 'at bade in
a muckle mansion-hoose in Westfield Terrace; an umman 'at bade up
a steen stair in Straaberry Bank (an ye'll hae a gey job fynin aat rodd
the day); an a tow-heidit young mairriet umman that aye hid a bon-
nie smile for the message-loon. Maist o them wid hae a saxpence for
him tee, aa excep a sharp-facet wifie three flichts up in an Esslemont
Avenue tenement hoose. She bocht mair nor the lave pit thegither;
an, tho Geordie wis sair made wi himsel stacherin up the stair wi a
box naehandy, she niver pit her haan in her pooch. The story gaed
that some message-loon lang syne hid haen the impidence tae wyte
for a tip, sae she'd made up her myn that nae ither loon wid get the
chance o een, aal hunger that she wis.

Anither o the message-loon's jobs wis tae ging doon tae the ware-
hoose in Bridge Place tae fesh up onything that wis nott for the shop.
Weel, ae day, Geordie set oot on his bike wi the aal strae message-bag
roon the hunnle-bar; an a gey sorry state the buggie wis in. "Ye'd
better sell't seen ere ye loss be't" wis the advice o the chiel at the
warehoose, as he got in a snorl, stappin a muckle flank o bacon

24

'stacherin up the stair'

intill't. The mannie niver spak a truer wird; an as Geordie cyclet across the main street o Aiberdeen on his wye hame, did ae hunnle o the strae buggie nae burss an the flank o bacon nae faa tae the grun wi a clyte! Geordie got aff his bike real quick; bit as he warslt wi the muckle side o bacon on the cassies, the traffick lichts cheengt an motors cam at him fae ivry airt. Fit wye he got ower the rodd an back tae the shop he didna ken; bit he niver aifter heard a bodie spik aboot "bringin hame the bacon", nor he mynt aboot the time it wis near run ower on the wye; an he niver aifter ate a bittie bacon athoot giein't a gweed dicht first.

(Mac Situpp, *Fae Rose Street tae Rubislaw Den*)

skelves shelves	**fashious** fussy
coonter-lowper shop assistant	**nott** needed
faa heir inherit	**snorl** tangle
mait food	**dicht** wipe

1. Fit wis wrang wi the sharp-facet wifie's pooch that she niver pit her haan in't?
2. Fitiver happent tae Straaberry Bank? (Refer question to Aberdeen PlanningDept.)
3. Why was the message-boy never a girl?
4. Will you ever be able to eat bacon again?

16. NINE GWEED RIZZONS

Melpomene wis mumpin;
An her een war rubbit reid.
She lookit unco dowie,
As gin somebody wis deid.

Terpsichore wis trachelt;
Bit for aa she hid tae pech,
Wis lowpin like a limmer
Wi a forkie or a flech.

Thalia, she wis scraichin
Like a half-dementit hen.
Fut set the lassie laachin
Only her an Clootie ken.

Thon Erato hid lickly
Fuspert something till her. Och,
An aafa deem for fusprins.
Ay, an aye that bittie roch.

Urania wis scuttrin
Wi some ferlie in the skies;
An Clio wis teen up wi
A historical treatise.

Euterpe wis forfochen
Aifter feeplin at her flute;
Polymnia wis ailin;
An Calliope wis oot.

Mount Helicon wis heelster-
Gowdie aa damnt aifterneen.
An aat's the wye I niver
Got ma magnum opus deen.

(William Cowpat)

mumpin moping		**fuspert** whispered	
rubbit rubbed		**roch** coarse	
unco dowie very sad		**scuttrin** fiddling	
trachelt struggling		**ferlie** phenomenon	
limmer disreputable woman		**forfochen** exhausted	
forkie earwig		**feeplin** whistling	
flech flea		**ailin** ill	
Clootie the Devil		**heelster-gowdie** topsy-turvy	

Melpomene	Muse of Tragedy
Terpsichore	Muse of Choral Dance
Thalia	Muse of Comedy
Erato	Muse of Erotic Poetry
Urania	Muse of Astronomy
Clio	Muse of History
Euterpe	Muse of Lyric Poetry with a flute
Polymnia	Muse of the Sublime Hymn
Calliope	Muse of Epic Poetry
Mount Helicon	Home of the Classical Muses

1. Fit wye wis Melpomene sae doon-at-the-moo?
2. Fit wid mak Terpsichore lowp heicher, a forkie or a flech?
3. Fit gart Thalia laach like a hen?   An foo much sense o yoomer his a hen got?
4. Fit ailt the peer vreeter that he cudna feenish his magnum opus himsel?

17. THE REUNION

The General Store,
Auchendreich.

Dear Norrie,

I canna tell ye foo pleaset I wis tae get yer letter.   An aa ower the heids o a skweel reunion an a photie in the *Press an Journal*.   It's funny tae think o that photie gaan aa the wye oot tae Tasmania an bein passt fae haan tae haan roon the suddron hemisphere.   Nae that there'll be mony fowk in Hobart wi muckle interest in Auchendreich. There's lickly fyow are greatly akwant wi the place the day, lat aleen ken faa wis faa in 1934.

"Forty years on" wis fit they pit abeen the pictur; an ye're quite richt, it wis a funny nummer o ears tae celebrate; bit eence they'd gotten th'adaya o gaitherin thegither aa the bairns (Weel, they're nae bairns noo bit aa the fowk) that left Auchendreich Public School in 1934, they thocht they'd better hud the 49th anniversary quick, for fear some o them wadna laist oot or the fifetieth.

Gin ye're thinkin aat wis leukin on e blaik side, ye need only see Muggie Oliphant hirplin intae the shop for her messages or Robbie Roberston stytrin up Bowie Brae, wheezlin like a bellas, tae ken that oor class reunion wisna held a meenit afore time.   Fit a cheenge in Muggie!   Her aat wis aye sae swaak an won aa the races at the skweel sports.   She's a gryte hulluck o a wumman noo that cudna rin tho a roarin bul wis at her back.   They say she's been guzzlin for twaa, peer quine, sin iver her laad bruik aff their engagement afore the waar.   The wye she shiftit a muckle plate o Bowff Bourguignon on the nicht in question hid tae be seen tae be believet.   (There wis some of them b' the by, said that ony dainner wi Bowff in'ts name hid tae hae dog meat intill't somewye; bit aat wis jist coorseness an it wis aafa fine tastit fitiver.)

Muggie wisna the only een tae be transmogrifeet b' the ears. There wis some o them turnt up at Pitwarsle Hoose Hotel that ye'd tae tak a gweed glower at afore ye kent faa they were.   It's amazin fit a beldie-heid an a mowser can dee for a loonie that eest tae play bools wi ye.   Syne, there wis sax-fitters that ye laist saa in short troosers; skinnymalinks like Muggie that hid blaan up like balloons; an a fatty-bannocks (Ye'll myn Beefy Burnett?) that's tint aat muckle wecht, ye wadna see him ahin a stick o celery.

28

Near aabody wis in some kyn o disguise, the ae exception bein Vilet Henderson. Div ee mynd on Vilet? A roon-shoodert wee quinie wi a rinny nose an her knickers hingin doon. Weel, she hisna cheenged one bit! She's jist the same glaikit-leukin cratur she aye wis, for aa that she's heidmistress o a skweel for quines doon in Bishop Auckland.

Ken faa wis speirin aboot ye, tho? Wee Jockie MacIlwham. Myn? The warst coonter in e skweel aat wis aye keepit in for gettin his sums wrang. Wad ye believe't? He's jist retiret as Director o Finance for the Westren Isles Cooncil.

Weel, aat's it, Norrie. Be sure an vreet again afore the Diamond Jubilee or we're aa deid, fitiver's the seener.

Yours aye,

Sandy Souter

(Alphonse Doddie, *Letters fae ma Shoppie*)

adaya	idea	**mowser**	moustache
bellas	bellows	**bools**	marbles

1. Fit wye hid Muggie Oliphant gotten tae be sic a fatty-bannocks?
2. Is't true they sairve dog-meat at the Pitwarsle Hoose Hotel? Foo can ye be sure?
3. Wid onybody ken you at a skweel reunion? Fit wye nae?
4. Is it better to be a skinny-ma-link or a fatty-bannocks? Discuss.
5. From the school records of Vilet Davidson and Wee Jockie MacIlwham, make a case for the late-developer.

18. THE MOOSIE AN THE STAG

A moosie, fae its dykeside biel,
Leukt oot upon a leylan peel;
An, as he dachlt there a blink,
A muckle stag cam doon tae drink.

"My certes, yon's a buirdly beast",
Says moose, "As heich's a horse at least.
Fut wye, I winner, dis he need
Yon furligorum on his heid.

"Gin't's mair nor shawin he's a loon,
It's aiblins fut they caa a croon.
This chiel cud be, for aa I ken,
Heid-bummer o some Hielan glen.

"Gin I hid sic a croon, my fegs,
I'd rowle the reest *athoot* lang legs.
Aa futtrats, stoats an bigsy teds
Wad seen lowp in ablo their beds!"

A cratur o the lairdly breed
Syne twiggt the stag an shot him deid.
For preef, the peer breet's antlers braa
Are muntit on his best-room waa.

Lat envy be fut idders div;
Be saitisfeet wi fut ye hiv.

(Laff Fonteyn based on *Alsop's Fables*)

moosie mouse	**aiblins** perhaps
biel shelter	**heid bummer** headman
leylan peel grassland pool	**rowle the reest** rule the roose
dachlt lingered	**futrats** weasels
blink moment	**bigsy teds** self-important toads
buirdly sturdy	**twiggt** spied
heich tall	**peer breet** poor brute
furligorum contraption	

1. Fit wye's 'is moose nedder a coorin nor a tim'rous beastie? Is the nor-east moose fae a baalder breed nor Burns' wast coast cratur?
2. Did the stag ken he hid a furligorum on his heid or war his freens haein a hyze wi him?
3. Given that even vermin may be allowed a degree of ambition was the mouse suffering from delusions of grandeur?

19. THE MAKKIN O BEUKS

(Vrutten nae lang syne b' an elyer o a kirk in Aiberdeenshire, thase annals pit on record the deeins o a teepical kwintra pairis.)

There wis a muckle steer in kirk laist Sunday, faan Ebenezer MacSporran gaed gyte ower the readin o the lesson.   It's nae lang sin Mr Macsporran gart aabody sit up straacht b' roarin at the reader o the lesson "Can ye nae spik up? We canna hear a wird o fut ye're sayin!"   An sure aneuch, there's times Mrs Meal canna be hard ower the peep o a moose.   Bit ye're nae supposet tae compleen in some kirks; an ae gypit umman said tae Ebenezer aifter "Ye're niver pleaset!" Weel, at wis jist a reid rag till a bul.   "I niver hard a wird o the lesson, umman," he telt her. "Fut should please me aboot aat?"

Hooiver, it wisna a quisson o nae hearin't laist Sunday.   He hard it weel aneuch fae his pumphel i the laft; bit he didna richt ken fut vershun o the Bible they wur eesin. An nae muckle winner.   There's aat mony vershuns nooadays, ye've the deevil's ain job kennin fut's fut.   Ebenezer hid been priggin the meenister for months tae sattle for ae vershun or anidder; an, tho the meenister telt him he'd lickly dee aat come time, he's niver deen't yit; an Ebenezer gets mair vext as the wiks gyang by. He says he disna care a docken fit een they eese, jist sae lang's they wyle the same een ilka wik an he can tak it tae the kirk wi him an folla't in his ain beuk.   It's nae ooneeswal tae get the three readins oot o three marless vershuns; an richt aneuch, ye get easy raivelt, gin ye're ettlin tae folla them.

Weel, b' the time we gat roon tae the third different vershun for the Gospel readin on Sunday, Ebenezer wis at bylin pynt; bit, mercy, he'd come preparet wi as mony vershuns as he hid in the hoose (acht in aa); an as seen as the Scriptur raifrence wis gien oot, he leukit up the first beuk, the Aathoreest, fun he hid the wrang vershun, an drappit the beuk on the fleer wi a michty dird that gart aabody lowp in their seats an turn their heids tae see fit the tribble wis.   Than he leukit up the neist een, the Reveesed Standart, wi nae mair success, an drappit hit on the fleer, garrin aabody lowp an leuk roon eence mair.   He triet The Gweed News.   Wrang again; an clyte gaed aat beuk. Syne the Nyow Internashunal; an clyte again.   Eb wis on his

31

saxth vershun, the Nyow Keeng James' or he fun the richt een; an, or this time, the readin wis deen an naebody'd hard a wird o't for the aa the reemishin. It wisna or the meenister wun till the mids o his sermon that it becam clear his text wis oot o Ecclesiastes: "O the makkin o mony beuks there's nae eyn." As Eb stytert hame, wi his gryte hullock o Bibles aneth his oxter, he wis mummlin till himself "Ay, ma mannie, ye niver spak a truer wird!"

(Mordecai Styte, *Annals o a Garioch Pairis*)

elyer	elder	**ooneeswal**	unusual
pairis	parish	**marless**	unmatched
steer	stir	**raivelt**	confused
pumphel	boxed pew	**reemishin**	clattering
laft	gallery	**oxter**	armpit

1. Cud ee hear the readin o the lessons laist Sunday?
2. Fit wye nae? Wur they nae lood aneuch or wis ye nae in the kirk ava?
3. Dis the meenister o your kirk pey ony heed tae fowk that compleen, or dis he jist please himsel like the feck o them?
4. Can your own minister be heard in church?
5. Is this a good or a bad thing?

20. WITHER FORECAST

Ere's a bittie haar at Midmar;
Bit it could be waar.
On the ither haan, at Strachan,
Ye canna see faar ye're gaan.
There's fog at Drumclog;
An fog's a bit o a footer
At Peterculter.
In fact, it's real footrie
Aa the wye sooth tae Tillycoultry.

Hoominiver, it's clear
At New Deer;
An at Rhynie,
The sun's fairly shiny.

Temperatures'll be weel doon at Turra
Tomurra.
It'll be some caal aroon Birkhall;
An at Mintlaw Station,
Jist starvation.
It'll feel on the jeelt-side
At Bieldside;
An ye winna see Dyce
For ice.

It'll be some roch
At the Broch;
An verra roch indeed
At Peterheid.

Ere'll be an antrin shower
At Aberlour;
It'll be real weet at Kingseat;
An at Auchinblae
It'll poor aa day.
Thunner an lichtnin'll mak an unco sicht
Oot b' Gight.
Bit if there's ae place nae tae hud a weddin,
It's Pitmedden.

It'll be aafa wither
Aathegither;
An if ye hinna a screw loose,
Ye'll bide in the hoose.

(The Wet Office)

haar	(sea) mist	**roch**	rough
waar	worse	**antrin**	occasional
footer	nuisance	**poor**	pour
starvation	very cold	**unco**	unusual
jeelt	cold as ice		

33

1. Fit like a day is't at Midmar?
2. Fit wye should ye keep clear o Turra tomurra?
3. Trace the extent of the cold front and indicate the direction it is taking.
4. Map the increasing density of rainfall from Aberlour to Auchinblae and choose a more suitable spot for a Pitmedden wedding.

21. KNOCK I THE NICHT

It wis a gryte muckle hoose wi three fleers an a basement; an it steed in a terrace in the wast-eyn o Aiberdeen. The wifie that aint it wis a retiret nurse, faa bade on the first fleer hersel an rentit oot the lave o't. She'd lickly bocht the hoose faan it wis unco chaip an she'd full't it wi aa kyn o aal-farrant furnitur, edder oot o Cocky Hunter's or oot o the ark, fitiver wis aaler, bit maistly traikle-broon an twise as muckle's fit ony idder bodie wis eest till: twise as heich in the case o the beukcases, twise as lang in the case o the sofas, twise as braid in the case o the sideboards.

The front room o the grun fleer leukit for aa the warl like a wytin-room in a doctor's surgery; an sure aneuch, fowk eest tae come intil't thinkin it *wis* a wytin room; for the basement wis rentit till a doctor an files his patients gaed tae the wrang door: up the staps tae the hoose door instead o doon the staps tae the basement.

In the lichtless haal, there wis a muckle sideboard o the teep descrivit, wi bress cunnle-sticks on't an troke o that kyn. There wis a monk's steel at the front door, tho the monk himsel hid lang depair-tit. At the far eyn, in the murkiest neuk, a heich screen fae somewye awa foreign; an ahin aat, gweed kens faat ugsome ferlies. The only idder bit furnitur i the haal wis a granfadder knock 'at steed on a landin, a twa-three stappies up fae the fit o the stair. It niver gaed; bit it's this knock the story's ralely aboot.

The grun-fleer rooms hid lang been rentit till a chiel that aften wirkit late at nicht, comin hame nar twal o'clock. Gweed aleen kens fit he wis deein or aat time bit he seemt a daicent-aneuch stock an peyt his rent reglar, sae nae mair wis thocht aboot it. Weel, ae nicht,

34

faan he gat hame an gaed awa till his bed, did he nae hear an ooneeswal soon: the slaw tickin o a knock. He kent the granfadder in the haal didna gyang, sae he wis fair bleckit.

Up he gat an gaed ben tae the haal in his nichtclaes; an, michty, he saa that the knock wis gyaan for the first time in the twa ear he'd bade i the hoose. Weel, he didna think ower muckle aboot it. "The laanleddy maan hae gotten't putten richt," said he till himsel; an awa back till his bed. Hooiver, the neist mornin faan he raise atween nine

'nae intimmers in't fitiver'

35

an ten o'clock, he gat the astonisher o his life, faan he fun nae only that the knock wisna gyaan aifter aa bit that it hid nae intimmers in't fitiver. He turnt fell gowsty at the thocht o't an winnert sud he bide in a hoose wi sic suppernaitral ongyaans.

Fither tae tell his laanleddy or no he didna richt ken; bit fin they caad intae een anidder at the fit o the stair later aat day, she spak o the maitter hersel. "I howp ye wisna waakent b' the chiel that cam tae sort the knock this mornin," says she. "He got it wirkin yesterday efterneen, ye'll mebbe hae noticet, bit faan he cam back this mornin an fun't wis gyaan ower faist, he teuk th'intimmers awa wi him. He'll be back wi't aa the morn."

(Ofita Flegg, Ghaists an Bogles o the Nor-east)

knock clock	**ooneeswal** unusual
teep type	**bleckit** puzzled
descrivit described	**intimmers** internal workings
steel stool	**ugsome ferlies** horrible curiosities
gowsty pale	**Cocky Hunter's** a furniture emporium

1. Could ye bide in a hoose full o rottacks (junk) like yon?
2. Wis ye fleyt readin this story? Did yer bleed jeel? Fit dae ye mean "No?"
3. Perhaps you'd like to speculate as to why the tenant was late in getting home.
4. On the other hand, perhaps you'd rather mind your own business.

22. THE SHILLIN

Ma maa gied her loonie a shillin.
She pit it ae day in ma haan.
I speirt fit the shillin wis gien for;
An she telt me she thocht it wis awin.

I said she wis awin me naething,
Nae's muckle's a meck or a plack;
I'd nae need o ither fowk's siller;
An I gied her her shillin richt back.

Noo this didna satisfee mither,
Faa seen pit it back in my haan;
An telt me tae keep it fitiver.
Michty me, bit ma mither wis thraan.

Bit gey near as thraan as ma mither,
I handit it back as afore,
Syne lockit masel in ma bedrum;
Sae she skytit it unner the door!

I skytit it ben tae the lobby;
An richt back tae me it wis sent;
An 'is wye an aat wye it wheechit,
Or at lang laist, the shillin wis tint.

Twis near an eternity aifter,
It micht hae been thirty-odd ear,
Ma mither wis haein a carpet
Putten doon on aat same bedrum fleer.

Twis than, fin they liftit the lino,
That, losh, the tint shillin wis fun;
An faa gat the gweed o the siller?
Weel, I'll tell ye, it wisna her son!

(Wilfred Awin)

awin owing	**thraan** stubborn
meck halfpenny	**tint** lost
plack valueless coin	

1. Is't gweed tae be prood or should ye tak fit ye get an be gled o't?
2. At twa an a haaf per cent, foo muckle interest wid the shillin hiv airnt aifter 30 ear?
3 What does this verse tell us about inherited genes and who wore the trousers in the house in question?

23. TH'AIBERDEEN AIRTHQUAK

(On Tyesday, the thirteent o Aagust, 1816, an airthquak wis plainly felt in mony pairts o the toon o Aiberdeen an i the kwintra roon aboot.)

This aafu veesitashun cam aboot at fower meenits till aleyven o'clock at nicht an cairriet on for nar sax seconds.   The dwallin-hooses in mony pairts o the toon wis shakken to the foons; the wechtiest furnitur i them wis meeved; an a rummlin soon wis hard, as gin some wechty object wis rowin alang the reefs.   In mony o the hooses, the bells begood tae ring; an the shakkin o the weers conteenit veesible for a puckle meenits aifter.   Aboot three-quaarters o an oor aifter, anidder stoond wis felt, this een nae sae bad.   The only byordnar sicht aifter't aa wis a fite-like vaapour that sattlt on the hulls roon aboot.   Tho the airthquak fleggit a hantle fowk, it wis rale chancy that neen o the toon biggins gat the flacht.

There wis muckle adee at Inverness, faar the shakkin wis rale sairious.   Jist aboot aabody histit oot o their hooses an on till e rodd, weemin an littlins skirlin an the feck o them nyaakit.   Some o them gaed oot tae the parks an bade yonder the lave o the nicht.

Nae idder airthquak hid been kent o in the Aiberdeen districk, sin saxteen hunner an acht, faan something the same happent an wi simlar effecks.   The meenisters an session thocht aat een wis a sign 'at Gweed wis angert at the laan an the toon in parteeclar, for aa the sins o the fowk, maist espeeshally for brakkin o the Saabath wi their salmon-fishin; an they caad a faist o aa the fowk, meenisters, bylies an ordnar bodies; an aabody faa acht the toon's waaters wis priggit tae hud fae wirkin their salmon-fishins on the Saabath. The feck o them did as they wis bid; some o them refeest; an ithers cudna mak up their myns. The Provost wis een o twenty that voot tae hud awa fae aa Saabath-fishin for fear they brocht the wraith o Gweed on their heids aa ower again.

(I. Mina Thyme, *Aiberdeen Lang Syne*)

kwintra country	**gat the flacht** suffered damage
foons foundations	**the feck** the majority
begood began	**lave** rest
hantle lot	**acht** owned
biggins buildings	

38

1. It maan be a peer airthquak that disna connach a fyow biggins. Fit
   biggins in Aiberdeen wid be neen the waar o an airthquak the day?
2. Is't true that Aiberdonians hiv jist sinnt twice an nae since 1816?
3. Compare the relative reactions to the earthquake in Aberdeen and
   Inverness and account for the near-hysteria of the Invernesians.
4. Is it all right to buy a tin of salmon on a Sunday?

24. RABBIE'S RECIPE

Mony happy returns
Tae the rhymer, Rabbie Burns.
He's the grytest Scotsman iver some wad say.
An lat naebody forget
That if Rab was livin yet,
He'd be ages wi Methuselah the day!

Tae remember the times
Fin he vrote his bonny rhymes
An the twaa-three Scottish sangies that were his,
Ilka patriotic maan
Aets a supper, gin he can;
An the menu's kinna special.   Ayeways wis.

Ye get haggis in heaps;
Ye get tatties, ye get neeps,
Wi a dram or twa tae waash it doon as well.
An tae get the haggis richt
For a perfeck Burns Nicht,
Here's the recipe the poet eest himsel:

Ca a yowe tae the knowe;
(Nae a pig, myn, nor a cow!)
Sit it doon an read it oot its legal richts.
Fin the beastie's aa preparet
An ye've checkt its donor's cairt,
Nab its stamack an its liver, hert an lichts!

39

Gin ye myn till, ye micht
Steep yer stamack overnicht,
Aifter scrapin it – a job I can't abide.
In the mornin, fin ye stairt,
Byle yer liver, lichts an hert,
Makkin sure yer windpipe's hingin ower the side!

Fin yer offal's weel bylt,
Teem it oot afore it's spylt;
Cut yer windpipe aff an chuck it in the waste;
Then, tae set the thing tae richts,
Mince yer hert up wi yer lichts
An a quaarter o yer liver jist tae taste.

Tae gie this chiel-appeal,
Add some suet an some meal,
Twa-three ingins – gin they're big eens only two.
Salt an pepper, in they go.
Baith in plenty. Canny tho,
Gin ye dinna wint tae scaad a bodie's moo!

Noo yer stamack's in its prime
Aifter steepin aa this time,
Lay it oot upo the drainin-boord tae dreep.
Eence yer mixin's aa complete,
Mak the mixter gweed an weet;
An than stap it up the stamack o the sheep!

Aifter aat, fit ye need
Are a needle an a threid.
It's the wye ye steik the baggie that ensures,
Fin Dame Fortune dis her warst,
That yer stamack disna burst,
Tho ye byle it in a pot for oors an oors!

I mak baald tae suggest
Rabbie's recipe is best;
An I howp that, fin ye've tried it, ye'll agree.
Tho it soons a wee bit drab,
Gin it's gweed aneuch for Rab,
Than I'm certain sure it's gweed aneuch for me.

(Edward Leear)

40

ilka	every	**ingins**	onions
eest	used	**scaad**	scald
knowe	knoll	**stap**	stuff
nab	grab	**steik**	stitch
teem	empty		

1. Gin ye unnerstaan fit wye it peys tribute to Robert Burns to aet a plate o haggis an neeps eence a year, explain tae the lave o's.
2. Foo lang did Robert Burns steep his stamack?
3. Foo weel did he byle his liver afore he cut his windpipe aff?
4. Fit difference wad this hae made tae the writin o his poetry?

25.   ON THE WYE TAE THE HEBRIDES

(Dr Samuel Johnson an his freen, Tammas Boswell, are on their wey tae the Hebrides, fin they pey a caa on Aiberdeen.   The Toon Cooncil dee aa they can tae enterteen their disteenguisht veesitors.)

Hud awa fae the fooshty funcy cakes, the pairty for Dr Johnson gaed aff unco weel. Aabody that wis onybody hid geddert in the Toon Hoose: bylies an cooncillors, professors fae the colleges, a puckle meenisters an the leddies in aa their brevity. Aifter a veesit ower the rodd tae Marischal College, the leernt doctor arrivet at een o'clock wi Maister Boswell ahin him: a shilpit cratur an mair o a shargart stirkie, byes the muckle bul o a chiel in faas shadda he steed. It wis a fyle or onybody spak, for we wis aa sair affeckit by the deegnity o the occaasion; an even the professors wis fleyt tae apen their moo.

Feenally, the provost speirt fit Dr Johnson thocht o Aiberdeen; an the doctor telt him it wis "as inoffensive an urban agglomeration as he'd encountered thus far in the course o his peregrination in the northern landscape." "Ay, bit fit d'ye think o't?" priggit the provost. Fin een o the bylies speirt fit he thocht o the Toon's Hoose an fither he'd fun't like a waddin cake, the doctor said "as he'd never con-tracted to enter into connubial bliss, he was ill-fitted to venture such a precise comparison." Syne, the bylie speirt gin aat meant *aye* or *no*.

Aifter a lang seelence an nae thinkin on onything else tae say, Provost Jopp gied the doctor the freedom o the toon an the doctor

41

said foo gratifeet he wis tae hae't. Aabody hid a tootie an roart oot his name for aa they wis wirth. Syne, the gweed doctor daanert up the Castlegate fine pleaset wi himsel, wi his burgess-ticket in his haat an his gless in his haan, or Boswell pyntit the gless oot an gaed back wi't tae the Toon's Hoose afore it wis misst.

We leernt aifter, that the doctor hid remarkit foo little he hid edder hard or said at Aiberdeen; that the Aiberdonians hidna set a singel mawkin rinnin for him tae folla. Mrs Jopp said, gin it wis mawkins he wintit, she wissed he'd hae said, for there'd been een hingin in the butcher's windae that verra mornin. An fin her maan telt her "Ye canna folla a deid mawkin, umman," she respondit: "Nae gin ye're biggit like a gale-eyn like yon een onywey!"

(Tint Archives o Aiberdeen Toon Cooncil)

'the gweed doctor daanert up the Castlegate'

brevity	finery	**byes**	compared with
shilpit	puny	**mawkin**	hare
shargart	stunted	**gale-eyn**	gable-end

1. Gin Dr Johnson wis on his wey tae the Hebrides fae London, fit, in the name o creashun, wis he deein in Aiberdeen?
2. Cud Stagecoach be reportit for lossin a traiveller like aat?
3. Gin it wis islands he wis seekin, foo mony wid the doctor hae fun in Aiberdeen? (Dinna forget the een in the Duthie Park pond.)
4. Did the learned doctor enjoy much social intercourse with the cream of Aberdeen society? Why not?
5. If Dr Johnson swallowed a dictionary, who ate the *fooshty funcy cakes*?
6. How long do Aberdonians wait before deflating departed guests?

26. THE ILL-FAART QUINE

(to the tune *The Ill-Faart Quine*)

Oot the road fae Aberchirder, on the wye tae Rothiemay,
There's a bonnie kinna craftie at the boddom o a brae,
That is hame tae fower goats, a dog, a caat, a puckle hens
An a laasie wi a reputation aa the coonty kens;
For she's an ill-faart quine,
Ay, an ill-faart quine.
Noo did iver ye set een on sic an ill-faart quine?

She's a toosie-heidit craitur, wi a muckle lantrin jaa;
An a lang an pyntit neb, that wad leuk better on a craa.
Like her caat, she's gotten fuskers; like her mongrel, she's got mange.
She's unmairriet, Teenie Tavendale; an niver like tae change;
For she's an ill-faart quine,
Ay, an ill-faart quine.
Noo did iver ye set een on sic an ill-faart quine?

43

Orra glesses hide the fack that Teenie's een hiv got a cast;
There's an ee that's leukin easterly, anidder leukin wast.
An the less that's said the better on the subjeck o her moo.
Gin the loons war gaan tae kiss it, they'd hae deen it lang ere noo;
Bit she's an ill-faart quine,
Ay, an ill-faart quine.
Noo did iver ye set een on sic an ill-faart quine?

She's as lang as ony lichthoose; she's as skinny as a preen;
Fin she's got her simmer frock on, ye can pynt at ilka been.
Some'll tell ye that her shooders hiv grown roon; bit aat's a lee!
Teenie Tavendale his aye been humphie-backit as can be.
Oh, she's an ill-faart quine.
Ay, an ill faart-quine.
Noo did iver ye set een on sic an ill-faart quine?

She his feet the linth o marras an a muckle pair o haans
That are near the size o rhubarb shaas an grup ye like a maan's.
Gin ye saa them in the gairden, ye wad tak her legs for liks;
Bit tae keep them fae yer broth-pot, Teenie haps them up in briks;
For she's an ill-faart quine,
Ay, an ill-faart quine.
Noo did iver ye set een on sic an ill-faart quine?

Wullie Wabster's come a coortin an he's niver aff the phone.
Teenie's hert's gaen heelster-gowdie; it's the spik o Foggieloan.
Sae ye winner fit the sinner sees in Teenie, div ye sirs?
Niver fash, for Wullie's leuks are ivry bit as bad as hers;
An she's an ill-faart quine,
Ay, an ill-faart quine.
Noo did iver ye set een on sic an ill-faart quine?

(Sir Walter Stot)

ill-faart	ugly	**liks**	leeks
craftie	croft	**haps**	covers
fuskers	whiskers	**briks**	trousers
preen	pin	**winner**	wonder
humphie-backit	round-shouldered	**fash**	fuss, worry

1. Gin Teenie Tavendale wis iver votit Miss Aberchirder, fit wid aat tell ye aboot the lave o the contestants?
2. Can you think of any reason why Wullie Wabster should do his courting by telephone?

27. A LOON'S DIARY

(The poet, Lord Byron, wis born in London in 1788, the sin o Capt. John Byron an o Catherine Gordon, heiress o Gight, Aiberdeenshire, wham he mairriet for her siller an haein spent it, gaed aff on his ain. His mither than gaed tae bide in Aiberdeen, faar her loon gaed tae the Grammar School. Nae muckle wis kent o his airly days ere a diary wis fun, believet tae be the wark o the young Byron.)

Fri. Juan 18 Twa rowies for ma brakfist, there bein nae meal i the hoose tae mak ma pottich. Wis gien intae tribble at skweel for spikkin Doric till a maister an wis telt, gin I did it again, I'd get ma kail throwe the reek. The mannie said aat wye o spikkin wis jist for the playgrun. Aifter skweel, hirplt aa the wye hame tae Broad Street tae tell ma ma; bit she wis in een o her ill teens an gied me a skelp roon the lug for gettin intae tribble. She says aat may be the wye they spik oot at Gight; bit fin ma gryte-uncle in England dees an I faa heir till his title, I'll need tae spik proper, gin I dinna wint tae be teen for an orra-loon.

Sat. Juan 19 Ma midder gied me a daad o loaf an a knyte o cheese for gaan fishin at the Brig o Don wi the lave o the loons. Catcht a puckle bandies wi ma nyow fishin waan.

Sun. Juan 20 Ma midder made ma pottich the day; bit it wid hae been better gin she hidna, for she forgat the saat an I cudna aet them. Gyaad sakes! Wisna alloot tae play fitba. Fit dae ye dee wi yersel in Aiberdeen on a Sunday?

Mon. Juan 21 Gaed tae ma sweemin class at the Middle Skweel an wis baalt at b' a ragie aal chiel, faa roart at's an telt's he'd leern us tae sweem a braidth o the peel, gin we droont i' the deein o't. I sweer I'll sweem the Hellespont ae day jist tae spite him!

Tues. Juan 22 The English maister tellt's tae vreet a poem aboot fit we did wi wirsels at the wik-eyn, sae I vrote a lang een aboot fishin

45

in the Don i the month o Juan.   In fack, I caad it *Don Juan* an, mercy
on's, eence I got the bit atween ma teeth, there wis nae huddin's an
I'd gotten fower cantos vrutten or dainner-time.   Fin I haanit it in,
the maister footert aboot wi't in pairts; an deil the bit hid it tae dee
wi fishin for bandies ony mair; bit he said it wis a maisterpiece, sae I
wis fine pleast wi masel.

(George Gordon, Lord Byron, Doric Diary)

rowies rolls	**bandies** minnows
pottich (pl.) porridge	**waan** rod
kail throwe the reek a scolding	**ragie** ill-tempered
hirplt hobbled	**vreet** write
orra-loon odd-job boy on farm	**footert aboot** tampered

1. Fit wis wrang wi spikkin Doric in skweel?   Wis the maisters nae
   eddicatit?
2. Faa got on best wi the ragie, aal sweemin teacher, breist-strokers or
   craalers?
3. On the assumption that all Byron's poetic works were of North-east
   origin, translate *Childe Harold's Pilgrimage* back into Doric.   *Chiel*
   may be used for *childe*.

28.   TH' EMMERTEEN AN THE SPURGIE

"Och, wae's me," said the emmerteen,
"I niver get tae be ma leen,
For ilka wye I turn, I doot,
There's aye a mardle roon aboot:

"A hotchin boorach o bleed bridders;
An ilk een clammrin ower the idders.
Ye've emmerteens, obleevious o ye,
Afore, ahin, abeen, ablo ye.

46

"The tribble wi an emmet-haip
Ye're in amon't wi nae escape.
Gin Gweed cud see's, He'd surely tell
I need a whilie b' masel."

A spurgie that hid steed in wyte
Transfarrt the cratur till his kyte;
An, nae much likin emmerteen,
He didna aet anither een.

Wir freen hid gotten fit he socht;
Bit wis it Providence that vrocht?
Faniver ye get vext, hud fest
An myn that Gweed aleen kens best.

(Laff Fonteyne based on Alsop's Fables)

emmerteen ant	**spurgie** sparrow
ma leen on my own	**kyte** belly
mardle mob	**vrocht** worked
hotchin boorach seething crowd	**vext** anxious
emmet-haip ant-hill	

1. Fit ailt th'emmerteen that he teuk a scunner at his ain folk?
2. Div ye niver dee the same yersel?
3. Foo parteeclar sud ye be fin ye're sayin a gweed-wird (prayer)?

29. THE MUCKIN O AUGEAS'S BYRE

(Hercules, the sin o Zeus, hid tae sair Eurystheus for twal ear an dee twaal laabours for him, gin he wintit niver tae dee.   Fit follas wis Laabour Nummer Five.)

Eurystheus gied Hercules the job o muckin oot the byre o Augeas, keeng o Elis an deein't in ae day.   Noo, this wis nae mowse concairn, for Augeas hid three thoosan nowt; an the sharn in his byre an buchts hidna been reddit oot for thirty ear or thereaboot.   The guff wis the spik o the Peloponnese.   Forbye, the ley-lan wis as happit in sharn, it cudna be ploot for corn.   Eurystheus hid a gweed laach till himsel, fin he picturt Hercules haein tae sheel the sharn intae happers an cairt them awa oot o the road.

Onywey, Hercules gaed tae Augeas an, sayin naething aboot Eurystheus, teuk it in haan tae muck oot his staas in ae day, gin he'd gie him three hunner o his nowt. A gweed dale, fairly aat; bit Augeas laacht fit tae burss, for he dootit it cud be deen. He greet tae the terms fitiver an caad ower his aalest loon Phyleus an telt him tae ack as wutness. "Richt," says the loon. "Sweer tae hae't deen afore een an ma fadder'll sweer tae kep his pairt o the dale."

Noo, Hercules hid a gweed heid on his muckle shooders an as muckle rumgumption as he hid strinth in his airms; an he hid a capital adaya. Hivven aleen kens foo he did it; bit, haein caad twa muckle holes in the closs dyke, he divertit twa rivers (We'll caa them Dee an Don, for gin I tell ye their rale names, ye'll jist foryet). throwe the staas an on tae the buchts an the leys; an in aat wye, they gat muckit in ae day, (tho a troot wis fun in the antrin haik an a sotter o sharn-bree nae-handy gat waasht oot tae sea).   Hooiver, fin Augeas leernt that Hercules hid teen the wark in haan at the say-so o Eurystheus, did he nae refeese tae pey him his nowt.

Niver myn, Hercules gat his ain back aifter, fin he invaadit Elis an gied Augeas a richt ledderin. Weel, he fell't him, gin trowth be taal, an aa his sins tee, syne gaed awa an fundit th' Olympic Games. Anidder gweed day's darg deen.   Fairly aat.

(Ackie Lees, *A Myth's as Gweed's a Mile*)

sair	serve	**sheel**	shovel
byre	cowshed	**happers**	baskets
ley-lan	pasture	**rumgumption**	common sense
nowt	cattle	**closs**	farmyard
sharn	dung	**haik**	fodder rack
buchts	cattle/sheep folds	**sotter**	mess
guff	smell	**ledderin**	whacking
nae mowse concern	no joking matter		

1. Gin ye wis bidden muck oot a byre for three thoosan nowt for the first time in thirty ear, fitna fee wad ye be seekin the day?
2. Compare the cleansing of the Augean Stables with the Muckin o Geordie's Byre, with special reference to the degree of sotter.

30. MOT'RIN THROWE

Ay, ay, Foggie! It's yersel!

Faas bairns are thon in the jungle jaikets?
Faar are they gaan wi the fishin gear?
Is there a burnie aboot here somewye?
Bandies aneuch for the dab-haan leear?

Fit's yon young deem wi the coach an littlins
Tellin the quine wi the muckle wyme?
Mebbe a waarnin o fit's afore her,
Loshtie, the laas maan be near her time.

Faa's yon aal wifie aneth the lintel,
Wyvin awa there for aa she's wirth?
Makkin a shaal for the caal, maist lickly.
Aiblins a kwyte for a gran-bairn's birth.

Here's twaa loons clappin a horsie's heid t'll him,
Ettlin, nae doot, for an antrin ride.
Peety a waa maan be in atween them;
Maist o the beast's on the tither side.

Faa's yon soor ploom at her front room windae,
Shakkin the styoo fae a yalla cloot?
Hubby's ower there in the gairden, howkin,
Barrt fae the hoose or it's reddit oot.

Weel, weel, an, Foggie. Caa awa!

(Siegfried Spittoon)

Foggie Aberchirder	**shaal** shawl
faas whose	**aiblins** perhaps
bandies minnows	**kwyte** coat
leear liar	**ettlin** anxious for
deem girl	**soor ploom** sour-faced person
coach pram	**styoo** dust
littlins young children	**yalla cloot** yellow duster
wyme belly	**howkin** digging
wyvin knitting	**reddit oot** cleaned up

49

1. Fitna like place is Foggieloan on a day o muckle steer?
2. Fit wye's haaf the fowk oot on the main street?
3. Fit's the soor wifie deein an faan'll hubby get back in the hoose?

31. DEAR MITHER

(Aabody kens that Shakespeare's Macbeth hisna muckle tae dee wi the facks o history. That yon faamous chiel an his leddy wurna the monsters o Shakespeare's imaiginashun is mair nor clear fae the letters the leddy vrote till her midder in Spey Bay.)

Elgin, 1040. I'm rale vext 'at it's sic a lang time sin I've vrutten ye. Fit wi reddin oot the castel for Spring an gettin ma maan roadit tae fecht Keeng Duncan, I've been rale thrang this fylie back. The Spring redd-up his left me fair wabbit, aifter pittin clean strae doon on the fleers an makkin nyow caff mattraasses for aabody. Hingin oot o the windaes tae dyst the basses agin the castel waa, me an the servan-quine war sayin foo muckle we're dreidin the invenshun o windae gless, faan we'll hae aa that tae dicht tee. Weel, weel, the redd-up's aa ower noo; bit I kenna fit I wid hae deen wintin the three carlines that cam in aboot seekin wark. Ma maan met them ootby on an aafa nicht o haar an brocht them hame tae gie a haan wi the redd-up. Ill-faart oorlichs cled in fool-leukin flinrikins bit ilka een wis a spae-wife an telt ma maan he'd seen be Keeng o Scotland. Faat a laach we gat at aat. We fair drew his leg aboot it for days aifter. Syne, faat think ye? Awa he gaed tae fecht Keeng Duncan; Duncan gat fellt; an ma maan's the nyow keeng. Foo's aat for lichtnin promoshun?

Lumphanan, 1057 Jist a notie fae Lumphanan, faar me an Macbeth hiv come for the holiday wik-en. The widder's been some dreich an we hid a gweed spleeter o weet on Setterday; bit we've gotten oot a waakie ilka day. Ilka day or the day, aat is. Macbeth wis fellt yestreen b' Malcolm, the sin o the aal keeng. Aat's e laist time we come here for a holiday!

P.S. I've biggit a cairnie ootby for ma maan; bit he'll be beeriet in Iona like the lave o the keengs, jist as seen as Gordon & Watson hiv a cairt gaan ower aat wye.

(Leddy Macbeth, *Colleckit Letters*)

vext upset		**dyst the basses** beat the mats	
reddin oot clearing out		**wintin** without	
thrang busy		**carlines** witches	
strae straw		**ill-faart oorlichs** ugly-looking waifs	
wabbit exhausted		**fool-leukin flinrikins** filthy rags	
caff chaff		**spae-wife** fortune-teller	

1. Gin ye aye thocht Leddy Macbeth hid pit her maan up tae murtherin Duncan, div ye nae feel ashamet o yersel?
2. Foo mony o Leddy Macbeth's hoosehold tips will ye be makkin eese o?
3. Interpret Lady Macbeth's words *Out, damned spot* in terms of the annual spring-cleaning.
4. Assess the suitability of these witches for domestic work and, following the recipe of Shakespeare's witches, prepare a dinner for four, using eye of newt, toe of frog etc.
5. How, on the available evidence, would you rate Lumphanan as a holiday resort?

32. THE BOODIE AN THE CRAA

Fin eence a tattie boodie
Socht tae fricht a hoodie-craa,
Maister Craa jist made a feel o him;
He wisna feart avaa.
Na, na, na!

"Yer duds," he said, "may flaffer,
Fin the win begins tae blaa;
Bit a fairmer made a strae
Wad be the first I iver saa.
Caa, caa, caa!

Yer fun'ral haat is foostie;
Thon aal cuttie disna draa;
Wi a shank that's aff the besom,
Gin ye seek tae rin, ye'll faa.
Caa, caa, caa!

Ye'd maybe fricht a teuchat;
Bit ye canna fleg a craa;
For ye're naething bit a boodie;
I've seen better eens an aa.
Caa, caa, caa!

Caa, caa, caa!
Ye can dicht yer neb wi a tattie shaa,
I'll jist caa awa!"

(Piers Ploosock)

boodie	scarecrow	**foostie**	fusty
hoodie-craa	carrion crow	**cuttie**	clay pipe
fricht, fleg	frighten	**shank**	handle
feart	afraid	**besom**	broom
duds	rags	**teuchat**	lapwing

1. Fit did the boodie wint wi the hoodie?
2. Fit did the hoodie say to the boodie?
3. The boodie widna say "boo" tae the hoodie, wid he?
4. Hoo wid the boodie nae say "boo" tae the hoodie?

33. THE SCOTTISH SAMURAI

(Thomas Glover o Fraserburgh wis born in 1838 an set aff for the Far East faan he wis aachteen ear aal. He coortit a quine caad Waki Saga, faa myns him in her memoirs.)

It'll lickly seem keerious for a Japanese leddy bit I'm vritin this pairt o ma memoirs in Doric, the leid o ma belovit Scottish samurai, Thomas Glover.   Fit a chiel aat wis! A braw, buirdly billie wi a muckle mowser, he fair caad me aff ma feet, faan I first met him.   He

52

'he fair caad me aff ma feet'

hid sic a winnerfu wye o spikkin till a wumman. His blate *Fit like?* wad kittle ye up as much, ye war in a fair picher for an oor aifter. This wis the langidge o love aa richt. Nae winner Puccini pit him in *Madam Butterflee*. Bit I maan pit ae thing richt. Fit Tam wid say fin he teuk ma haan in his ain wisna "Yer wee bit haan's fair jeelt, quine." It wis aye "Foo's yer doos? Aye pickin?"

Mony a forenicht, he wad serenade's wi a love sang like *Nicky Tams* or *The Muckle Gaakit Gype*. Bit it wisna aa coortin an sweet wirdies. In atween veesits tae me, he wis fundin the Japanese navy an the muckle Mitsubishi Corporashun. He selt wappons tae the Samurai knichts, biggit the first Japanese railway an fundit Kirin, Japan's faavrit ale. In fack, he wis aat thrang he wis hardly iver at

53

hame; an we hid mair nor ae faa-oot aboot faar he hid been an fit he'd been deein; bit he becam the first ootlin tae be gien th' Order o the Risin Sin, sae I've nae doot it wis aa true faat he spak aboot.

He telt me tee that he belangt nae jist tae me bit tae Japan. This wis a lee, for I kent fine he belangt tae the Broch; bit, richt aneuch, aa the bairns leern aboot him in skweel noo; an he's lang been regairdit as a nashunal hero, sae faa am I tae doot him?

(Waki Saga, Nips Aa Roon)

buirdly	well-built	**jeelt**	frozen
mowser	moustache	**thrang**	busy
kittle	excite	**ootlin**	outsider
picher	state	**leid**	language

1. Perswad the lave o's that Doric's the langidge o love.
2. Fit wis a Brocher deein in Japan onywye?
3. Re-write *Madam Butterfly* in Doric, or write an original Doric opera about a Japanese samurai who moves to the rural north-east. If choosing the latter, suggest an appropriate costume for an oriental "olla-roon".

34.   AAM GANAWATI HAWAII

(The strang seemilarity atween the soon o Doric an the langidge o Hawaii maks it a rale possibeelity that this boorach o Paceefic Islands wis sattlt lang syne b' fowk fae the Nor-east. Students micht hae tribble unnerstannin the tradeeshunal Hawaiian sangie that follas; bit wi Aiberdeen refarrtt till in the mids o't, it cud gey near hiv been vrutten b' an exile fae aat toon. Spik oot the wirds tae yersel an see if ye canna snuff in the caller guff o Torry.)

Aam ganawati Hawaii;
Aam ganawafurra spottiasun.
Aam ganawati Hawaii;
Aam ganawatihe, watihe fun.
Time tae say "Tatatitore"

Tatatitore, a tear in ma een.
Aam ganawati Hawaii;
Tatatitore, baibai Aiberdeen.

Mi-ma anmi-da arawa;
Seenalbee awa ana.

Aam ganawati Hawaii;
Aam ganawafurra sweeminisee.
Aam ganawati Hawaii;
Peetee yikana, yikana kumtee.

Time tae say "Tatatitore" etc.

Akenalbi gledatawint;
Albeydor masillers spint.

Aam ganawati Hawaii;
Aamganawafurra lookati kwines.
Aam ganawati Hawaii;
Eenothems gantibee, gantibee mines.

Time tae say "Tatatitore" etc.

(Jon Olulu)

35. LADIES IN WAITIN

(Vrutten for a feminist warkshop in Aiberdeen, fit follas is teen fae a sequence o playlets for een or twaa female characters.)

Jessie: Well, Bessie, ye're niver sure faa ye'll meet at the doctor's. Sit doon an tak the wecht aff yer feet!   Fit a day o rain it's been!   Ye winner faar it aa comes fae, divn't ye?   I ken faar it gings till though. Half o't's doon the back o my neck b' the feel o't. Ay, an the ither haaf'll be doon yours. Waatch fit ye're deein wi aat rainmate though. Ye're giein aat wifie a shooer-bath. (*Sotto voce*) Myn you, b' the look o her, she's in need o't. Ye meet aa types in the doctor's waitin room, divn't ye? All human life is here. Ay, an half o them shouldna be here at aa. They're in oot o the weet, if ye ask me. It's fair dingin doon iv now. Fit a summer! There'll be nae waashins oot the day, that's one thing sure. They'd be a waash-oot right enough.

Myn you, Bessie, sometimes it can be a waash-oot on a good day. Like 'on day last wik. I've niver seen havoc like it. The whirlie in the baakie gaan roon an roon; an aa the waashin fleein aawye. Your waashin, my waashin, aabody's waashin. Thon Great Dane should be shot. Fit wye fit? Oh, I'll tell ye fit wye it got the whirlie birlin: it got hud o my tichts, aat's fit wye; an ran roon an roon wi them or aathing fell doon. The next thing I saa wis thon dog rinnin through the lobby wi ma tichts in its moo. Oh, ay, I got them back. Absolutely torn tae ribbons! I'd tae pit them tae the kirk jumble. Fit's that? Oh, I'll say it wis upsettin. I hinna felt the same since.

In fact, aat's fit wye I'm here the day. I've been haein palpitations an aathing. Div I look purple in the face? Aabody says I'm purple in the face. An I've got this blaan-up feelin as if I'm aboot tae burst. Is there nae a fit? Oh ay, there's plenty o peels for't. In the first place, there's a peel for the palpitations; an there's anither peel tae buck me up; an then, there's a third peel. Aat's tae calm me doon. Noo, unfortunately, the second peel his a bad reaction with the third peel, so there's a fourth peel tae pit aat right. Oh, dinna spik tae me aboot side effects. They've aa got side effects, Bessie. Even some o the side effects hiv side effects. So there's anither twa peels tae cope with that. I'm tellin ye: I could open a chemist's shop. Niver myn, we've aa got wir cross tae bear, hivn't we?

Fit's yours? Yer maan! Oh, Bessie, is he nae good tae ye? Dae ye nae get much fae him? Ay, bit apart fae the five bairns. Ye think there's anither een on the wye! Fit maks ye think aat? Is't mornin sickness? I've jist tae sit doon tae breakfast wi my maan tae get mornin sickness. Oh, it's nae aat. Fit maks ye think ye're expectin, than? A funny feelin roon the middle? I kine o a looseness. Fit makes ye think it's a bairn? Oh, Bessie, dinna answer aat. Aifter five pregnancies, ony funny feelin roon yer middle must mak ye think o a bairn.

Ye soon affa depressed aboot it. Well, I've got the very solution. There's naething like it for depression. Buy yersel a pair o scarlet bloomers. Ye've got a pair? Dinna tell me thon wis your pair oot in the baakie the day the whirlie gaed mad? The eens that gaed fleein across the gairden an endit up in the hollyhocks? Well, I niver! I hid a pair o scarlet bloomers oot on the whirlie masel thon day. Mine landit up in the lily o the valley. Hey, Bessie, you're nae thinkin fit I'm thinkin are ye? Nae muckle winner I've got palpitations. I'm sittin here gaspin in your scarlet bloomers. An if I'm nae much mistaken, it's my size twenties that's makkin you feel sae loose roon the middle. Hey, miss, tell the doctor tae keep his peels an his pregnancy tests, we're awa hame.

(Hazel Heed, *Jessie an Bessie: An Interactive Presentation of Women's Issues in the late 20th Century*)

dingin doon	pouring	**thon**	that
tichts	tights	**birlin**	twirlin
whirlie	whirling clothes dryer	**peel**	pill

1. Fit's the best wither for dryin claes in an automatic?
2. Foo tattert div claes hiv tae be afore ye pit them tae the kirk jumble?
3. Is execution an appropriate response to the Great Dane's exhuberance?
4. What is the statistical chance that the person sitting next to you at the doctor's is wearing your underwear?

36. THE BLAIKIE AN THE WURM

A yamph young blaikie peckt the grun,
Ettlin tae hae a bit o fun.
A sappy wurm wis seer tae think
The rain wis on an seek a drink;

An, than, oonmynfu o its fate,
Wad seen eyn up as birdie-mait.
Says blaikie "Naething can gyang wrang."
An richt aneuch, afore ower lang,

The yird begood tae steer a wee;
Sae blaikie happit ower tae see.
"As seen as it comes oot, nae fears,
I'll nab't afore it disappears!"

He cockt an ee; an syne baith een;
Bit feint a glint o life wis seen.
Instead, a wurmie big an fat
Bade faar it wis an baalt "Faa's aat?"

"For aa the chappin on the grun,
There's deil a rain-drap tae be fun.
Some gock wi naething mair adee
His triet tae tak the rise o me!"

Moral

There's naebody, for aa his jinks,
Is haaf as cliver as he thinks.

(Laff Fonteyne, based on *Alsop's Fables*)

blaikie	blackbird	**nab**	grab
yamph	hungry	**feint a glint**	scarcely a glimpse
ettlin	keen	**chappin**	tapping
sappy	juicy	**deil a**	no
seer	sure	**fun**	found
yird	soil	**gock**	cuckoo/fool
begood	began	**tak the rise o**	play a trick on

1. Foo did blaikie ken 'twis dainner-time?
2. Foo did the wurm ken it wis blaikie's dainner-time?
3. Fit div they say aboot the best-laid schemes?
4. Re-write the song *Raindrops are Falling on My Head* for worm chorus.

37. THE ROYAL GLENS

(It's weel kent that Queen Victoria kep a journal o faat she wis deein; an mony's the bodie that's read it; bit the publick's nae sae weel akwant wi the saicret diary she kep in the Doric, the langidge she eest tae spik tae John Broon.)

Feelin the caal the day, I cried on John Broon, faa cam at eence. "Fut is yer Majesty's wuss," says he. "Glenfiddich," says I. "Nae seener said nor deen," says he an gaes awa for as lang, he cud hae distullt the fusky tull's. Faan he cam back, he says, "Yer kerridge is wytin, yer Majesty." I says, "Kerridge? Faar are we gaan, like?" "Glen Fiddich," says he. "Och, nae again," says I tae masel; bit nae wintin tae disappynt him, I jist pit on ma kwyte an a fyow shaalies, grabbit a haanfae o paper hunkies aff the dressin-table an gaed doon the stair tae faar the servans were aa riddy tae set aff. I cud hae seen Glen Fiddich far aneuch, tae tell the honest trowth; bit onything for a quate life; an awa we gaed.

It wis a bonnie aneuch traivel we hid, tho, as eeswal, the kerridge shoogelt's aboot like stirks in a float. We stoppit on the rodd doon at the ruins o Caaddoon Castel, faar we aa made wirsels comfy afore gettin back intae the kerridges. Syne we gaed on wir wye tae Glen Fiddich Lodge, faar we war tae bide the nicht. B' the time we wun there, I wis caad deen aathegither; an wad ye believet? The cairt wi the loggage wis heelt up at Dufftown an niver turnt up at aa. I hidna as muckle's a nichtgoon tae pit on, niver myn ma pottie o caal cream. Hoominiver, I jist wuppit masel in a muckle tiger-skin rug that wis lyin on the fleer o the bedrum; an triet tae mak dee wi aat, tho I wis fell yokie in the nicht an gey sair awa wi't or mornin. I hard the cairt rowin up at haaf past fower bit naebody said "Are ye needin yer goon?" They lickly thocht I wis sleepin. As gin onybody cud sleep in the airms o a wull beast an it lang deid.

This is the umteenth time I've socht a gless o fusky an fun masel at a glen at the back o beyont. Aat's the wye I've seen Glendeveron an Glenesk, Glenlivet an Glenlochy. I'm gettin aat faamous for veesitin glens roon aboot, they're caain them "royal" glens noo. Broon's affa slaw i the uptak gettin. It's time he wis penshunt aff. I wad cheenge ma tootie till a glessie o wine, gin I thocht I widna waak up in Burgundy!

(Queen Victoria, *Saicret Diaries*)

59

'*I jist wuppit masel in a muckle tiger-skin rug*'

wuss wish
kwyte coat
traivel journey
shooglt shook
eeswal usual
stirks steers

wuppit wrapped
yokie itchy
sair awa wi't in a bad state
wull wild
tootie tipple

1. Gin Queen Victoria wis a traiveler, faa did she wirk for?
2. Wis she a fusky traivler?
3. Do you accept Queen Victoria's explanation of why she went to bed
   with a tiger-skin rug?
4. Did John Brown deliver Queen Victoria from alcohol abuse?

38.   HIS AIN BACK

(Vrutten aboot a happenin in the beuk,
Jamie Fleeman, The Laird of Udny's Fool)

Ae Mey mornin b' the Ythan,
Jamie's spraachelt on the grun
Wi his baachelt beets aside him,
Streekit oot ablo the sun.

Whaaps are flaff'rin ower the waater;
Bumbees bizzin in the breem.
Jamie, scaartin at his oxter,
Windrin gin he'll tak a sweem,

Twigs a meer ayont the river,
Wi a billie at the ryne,
Cockit up 'n a yalla jaiket.
Jamie kens the cratur fine.

Faith, he shud, the times he's seen him
Waarm his hurdies at the haa.
Eence he caad peer Jamie glaikit.
He's nae teen wi him avaa.

Yarkit b' the ryne, the horsie
Gies her heid a muckle toss.
Syne, her rider speirs at Jamie
Faraboot it's best tae cross.

Jamie canna hud fae snichrin:
"Noo we'll seen see faa's the feel!"
An, in freenliest o mainners,
Pynts him tae the deepest peel.

Doon gaed meer an maan thegidder,
Doon tae deeps o dubs an dreid;
Or the waters o the Ythan
Nearhaan happit ilk een's heid.

Jamie, wintin tae mak siccar
That the traivlers hinna sunk,
Gaaps at them oot ower the waater,
As they clammer up the bank.

Sypin weet an sair forfochan,
Clookit fae the jaws o daith,
Yalla jaiket yalls at Jamie
Did he seek tae droon them baith?

"Losh," says he, "ere's deuks cross yonner,
Niver kent tae droon nor drook.
Yon hingin-luggit meer has surely
Langer shanks nor ony deuk!"

(Hilaire Bullock)

spraachelt	sprawled	**hurdies**	haunches
baachelt	mis-shapen	**yarkit**	tugged
streekit	stretched	**peel**	pool
whaaps	curlews	**gaaps**	gapes
scaartin	scratching	**sypin weet**	soaking wet
oxter	armpit	**forfochan**	exhausted
twigs	catches sight of	**clookit**	clutched
ryne	rein	**deuks**	ducks
cockit up	dressed up	**hingin-luggit**	bedraggled

1. Fit wye's Jamie nae teen wi the billie in the yalla jaiket?
2. Hoo did Jamie try to get upsides wi the rider?
3. Fit wid the RSPCA hiv said aboot the drookin o the horse?
4. Why don't people employ fools any more?   If, on the other hand, you've spoken to one at a local government office recently, give details.

39. E TIMMER CUDDY

*(Paris his cairriet aff Helen, the wife o Menelaus an teen her tae Torry. E
Greeks folla aifter an kick up a reerie for ten ear.)*

It wis aa the adaya o a chiel caad Prylis. "We'll win intae Torry," he
says, "b' makkin a timmer horse." Odysseus wis tae say aifter it wis
ralely his adaya, bit ye ken fit he wis like. Onywey, the vricht set tee;
an a richt skeely job he made o't: a gryte, muckle, boss nyag made o
fir plunks. Fidder it wis a staig or a meer, naebody kens nor cars noo
bit it wis a cuddy fitiver; an Odysseus perswadit the baaldest o the
Greeks tae sclim up a raip-ledder an throw a trap-door intae the
beast's kite. Fidder there wis twinty or thirty or fifety, naebody
myns; bit Menelaus wis een o them, Odysseus anidder, wi Diomedes
an a hantle mair ye widna ken supposin I telt ye faa.

Aat nicht, Agamemnon pit oot tae sea wi the lave o his men,
makkin on they were awa hame; an, at the skreich o day, the Torry
fowk fun their camp forhooiet wi nae sicht nor soon o the Greeks.
Bit, megstie me, they'd left this muckle cuddy on the stran! Priam
an his sins gaed oot tae hae a leuk an gaapit at it in winner. "We
maan tak it intae Torry," says een. "Na, na," says anidder, "we maan
edder burn't richt awa or brak it apen an see fits in the kite."
"Havers," says Priam, "we'll fess't in on rollers." An, as he wis the
keeng, he gat his ain wye. Noo the beast wis ower braid tae be shiv-
ved throw the yetts. Aiven fin they caad a daad o the waa doon, it
stack fower times. Hooiver, aifter aa their ruggin an tuggin, they
yarkit the cratur in at laist an ment the waa ahin them.

Syne, there wis anidder argie-bargie, fin Cassandra the spae-wife
annooncet that there wis airmt chiels i the horse. Naebody peyt ony
heed tae the umman as eeswal, or the seer-cratur Laocoon birst oot:
"She's richt, ye glaikit gypes! Niver lippen till a Greek tho he feshes
a fairin wi him"; an wi aat, he ceest his spear intae the cuddy's flunk.
The pynt o't powkit throw the timmers an gart the wappons inower
mak an ondeemous clattrin soon. It gied the chiels in the kite a fleg
naehandy tee. Bad aneuch smorin in a horse's intimmers wi a burssin
bledder, niver myn haein the pynt o a spear at yer lug.

(Ackie Lees, Myths as Gweed's a Mile)

'Cassandra annooncet there wis airmt chiels i the horse'

timmer cuddy wooden horse
reerie row
adaya idea
vricht wright
boss hollow
staig stallion
sclim climb
kite belly
skreigh o day dawn
forhooiet abandoned

edder either
yetts gates
daad chunk
yarkit jerked
spae-wife prophetess
glaikit gypes silly fools
fairin present from a fair
ondeemous extraordinary
fleg fright
smorin smothering

1. Fit wye wis the Greeks ettlin tae win intae Torry?
2. Wid onybody be as keen tae get intae Torry the day?
3. If you shouldn't look a gift horse in the mouth, at which end should you examine it?
4. Is this how Cassandra knew what was inside the horse?

40. THE CAAT AN THE FISH

A caat that didna car for fish
Ae day fun huddock in his dish.
He wadna aet it cookt or raa,
Jist snufft at it an waalkt awa.

Anidder day, he said his grace
An gat a dishie ful o plaice.
At this, he seen turnt up his niz
An left his dainner faar it wis.

Believin fish is gweed for caats,
His ainers triet him neist wi spraats;
Bit he jist upt an left the hoose
An raikit or he catcht a moose.

He'd aye leave mack'rel on his plate;
He widna touch their sole or skate;
An, be it herrin, cod or hake,
He'd skraich the caat-spik for "Gyad sake!"

"His ilka caat in Aiberdeen
Tae funcy fish? I like it neen!
Fit wye div Aiberdonians niver
Gie caats a taste o gweed coo's liver?"

Moral

Tho rowles are rowles, we aa agree,
We maan alloo excepshuns tee.

(Laff Fonteyn, based on *Alsop's Fables*)

car	care	**skraich**	screech
niz	nose	**caat-spik**	cat-talk
ainers	owners	**gyad sake**	ugh!
neist	next	**neen**	not at all
raikit	roamed	**rowles**	rules

65

1. Fit ails 'is caat that he winna aet fish?   Dis he nae ken fin he's weel aff?
2. If there's stairvin caats in China that wid aet aa this fish, fit state wid it be in or it got oot tae them?
3. Fit's the difference atween caatfish an caat's fish; an fit wid ye raither hae tae yer tea?

Other books from Scottish Cultural Press

by Douglas Kynoch

Teach Yourself Doric: *a course for beginners*
A Doric Dictionary: *Doric-English, English-Doric*
Doric Proverbs and Sayings

The Minister's Cat: *An A-Z of cats in verse*
Here's Tae Us! Wha's Like Us: *a personal view of Scottish history*

other authors

Canty & Couthie: *an anthology of familiar and forgotten traditional Scots poetry*
The Midwinter Music: *a Scottish anthology for the Festive Season*
Wee Willie Winkie *and other nursery rhymes for Scots children*
The Wild Haggis an the Greetin-faced Nyaff

For full details of these and other books from Scottish Cultural Press, please write to the publishers for a current catalogue.

An audio-cassette entitled *Teach Yourself Doric*, containing extracts from both *Doric for Swots* and the book entitled *Teach Yourself Doric*, is available - Lismor Recordings LICS 5239.